KB268183

# 한국어 화용표지 연구

### '-요'를 중심으로

문 병 우 著

# 한국어 화용표지 연구

인쇄일 초판 1쇄  2002년 04월 26일
              2쇄  2015년 09월 22일
발행일 초판 1쇄  2002년 05월 06일
              2쇄  2015년 09월 23일


지은이 문 병 우
발행인 정 찬 용
발행처 **국학자료원**
등록일 1987. 12. 21, 제17-270호

서울시 강동구 성내동 447-11 현영빌딩 **2층**
Tel : 442-4623~4  Fax : 442-4625
www. kookhak. co. kr
E-mail : kookhak2001@hanmail.net
ISBN  978-89-8206-675-7  •93710
가 격  11,000원


•저자와의 협의 하에 인지는 생략합니다.

우리말과 글에 대한 관심을 가지고 공부를 시작한지도 벌써 10년의 세월이 더 지났다. 아득하게만 보이는 먼 길을 언제 다 갈 수 있을까 고민하며 살아온 시간이었다. 저 길 끝에 서면 파란 바다가 보일지…… 아니면 또 다른 먼 길이 이어질지 궁금해하면서 말이다. 이제 한 길의 끝자리에서 나는 또 다시 아스라하게 이어지는 새로운 길을 발견하고 가슴이 두근거린다. 자신도 모르게 신발 끈을 다시 묶는다. 죽을 고비를 넘기고 높은 산을 정복한 산사람들이 하산하자말자 또 다른 정상 도전을 준비하듯이 말이다.

지금까지 한 공부의 한 자락을 정리해야만 또 다른 공부를 시작할 수 있겠기에 이 책의 출간을 결심하게 됐다. 이 책은 이번에 받은 박사학위 논문을 토대로 하여 그 제목과 체제 등을 약간 수정 보완한 것이다.

본 서는 오늘날 젊은이들의 말살이에서 중요한 자리를 차지하고 있는 '-요'에 대해서 종합적인 연구를 하여 '-요'의 문법적인 특성을 밝히고자 한 것이다. 본 서에서는 "'-요'는 '이이(다)에서 비롯된 것이고, 현대 국어의 '-요'는 청자 대우 기능 요소로 쓰일 뿐 아니라 상대와 격식 없이 친밀한 관계를 유지하기 위해 확대되어 쓰인다."라는 가설을 설정하고 이 가설을 논증하기 위한 다음과 같은 사실을 밝히고 있다. 첫째, 중부방언 '-요'가 다른 지역 방언에서는 어떤 형태로 사용되는가에 대해 조사를 통하여 현대 국어의 특성을 보여 주는 '-요'와 그 방언 형태의 사용 실태를 밝히고 있다. 둘째, '-요'가 어떤 형태로부터 비롯되었으며 그것이 어떤 역사적 변이 과정을 거쳤는지에 대한 '-요'와 '-요' 방언 형태의 기원과 형태 구조에 대해서 설명하고 있다. 셋째, 현대 국어 '-요'의 의미와 기능을 알아보기 위해 '-요'와 '-요' 방언 형태의 형태론적 특성과 실현 양상을 밝히고 있다. 넷째, '-요'의 문장에서의 분포 특성과 결합 원리를 통해 '-요'의 기능과 문법 범주에 대해서 설명하고 있다.

여러 가지로 부족한 점이 많은 이 책이 나오기까지 도와주신 많은 분들께 감사드린다. 석·박사 학위논문을 지도해 주신 황병순 선생님, 항상 학문하는 자세를 몸소 실천해 보이신 배대온, 이재인, 조규태 선생님, 힘들고 어려울 때마다 챙겨주시고 격려해 주신 박성석 선생님께 감사드린다. 그리고 학부 때부터 박사과정까지 지도해주시고 깨우쳐주신 여러 선생님들께 진심으로 감사드린다. 그동안 키워주시고 지켜봐 주신 부모님의 은혜에 감사드리고, 남편 노릇 아비 노릇 제대로 못했어도 참고 기다려 준 아내와 아이들에게 감사한다. 그리고 책을 내는 과정에 교정을 봐 주고 유익한 충고를 아끼지 않은 규석, 영진, 용식 후배에게도 감사한다. 끝으로 이 책의 출판에 애를 써 주신 국학자료원 사장님과 편집장님을 비롯한 관계자 여러분의 노고에 감사드린다.

2002년 3월

지은이  문 병 우

# 차 례

# 1

## 서 론

1.1 연구 목적

1.2 선행 연구

1.3 연구 방법과 연구 내용 및 전개 순서

　오늘날 젊은 세대들이 사용하는 말은 기성 세대와는 많이 다르다. 그 중 하나는 기성 세대의 말에 비해서 '-요'의 사용 빈도가 높아졌다는 것이다.[1] '-요' 사용의 확대는 기존의 높임법 체계가 많이 단순해졌다는 것을 의미하는 동시에 젊은 세대들의 말살이에서 '-요'의 역할이 그만큼 중요해졌다는 것을 의미하기도 하지만, 현대 국어에서 '-요'가 단순히 청자 존대를 가리키는 문법 범주를 뛰어 넘어 담화 요소인 화용표지로 발달했음[2]을 가리키기도 한다.

　'-요'가 지닌 이러한 특성은 많은 학자들의 관심의 대상이 되었다. 그러나 지금까지 이루어진 '-요'에 대한 연구는 방언 형태[3]를 포함한 종합적인 연구가 아직 이뤄지지 못했다[4]. '-요'에 담긴 문법을 정확히 규명하기 위해서는 두 가지 문제가 해결되어야 한다. 하나는 '-요'

---

1) 김희정(1987:127)에서 개화기와 현대의 대표적 소설 자료를 분석한 결과 '해요체'의 사용 빈도에 대해서 아래와 같이 밝히고 있다.

|  | 합쇼체 | 해요체 | 하오체 |
|---|---|---|---|
| 개화기소설 | 41.7% | 5.8% | 52.6% |
| 현대소설 | 24.8% | 65.4% | 17.2% |

2) 젊은 세대의 '-요'의 확대 사용에 대하여 이정애(1998:80)에서는 '-요'가 청자 존대의 기능과 의미를 담당하는 문법 범주에서 화자가 구어적 담화에서 선택하여 사용하는 화용상의 자질로 발달한 것으로 설명하고 있고, 윤석민(1993:464)에서는 대우에 대한 판단의 기준이 청자 중심에서 화자 중심으로 변하고 친소 관계나 상하 관계에 대하여 화자가 자기 중심적으로 판단하기 때문이라고 설명하고 있다.

3) '-요'의 방언 형태는 충청방언의 '-유', 전라방언의 '-라우', 경상방언의 '-예' 등을 가리킨다.

4) '-요'의 방언 이형태인 중부방언의 '-유', 동남방언의 '-예', 서남방언의 '-(이)라우' 등에 대해서 부분적으로 연구되어 왔으나 이들을 포괄한 종합적인 연구는 없다.

와 같은 어원에서 비롯된 것으로 보이는 '-요'계 방언 형태와의 관계를 통시적 관점에서 설명하는 것이고, 다른 하나는 '-요'와 '-요'의 방언 형태가 현대 국어에서와 같은 기능을 지니게 된 과정을 설명하는 것이다. 그런데 지금까지 이루어진 '-요'에 관한 연구는 국어의 방언 형태 전반을 고려한 종합적인 연구가 아니어서 '-요'의 기원을 밝히는 데 소홀하였고, 그 결과 '-요'의 통시적인 변화 과정을 정확히 설명하지 못하였다.

이 글에서는 위와 같은 문제를 해결하기 위해 다음과 같은 가설을 설정하였다.

가설 : '-요'는 '이이(다)'에서 비롯된 것이고, 현대 국어의 '-요'는 청자 대우 기능 요소로 쓰일 뿐 아니라 상대와 격식 없이 친밀한 관계를 유지하기 위한 화용표지로 확대되어 쓰인다.

위와 같은 가설을 설정하게 된 것은 현대 국어에 쓰이는 방언 형태 '-유, -예, -(이)라우, -이다'를 고려할 경우 '-요'의 어원이 '이이(다)'에서 비롯되었다고 유추할 수 있고, 현대 국어에서 문중에 사용되는 '-요'의 기능으로 볼 때 '-요'가 친밀한 관계를 유지하기 위한 화용표지로 확대되어 쓰임을 유추할 수 있기 때문이다.

이 글에서는 위의 가설을 논증하기 위해 다음과 같은 문제를 알아보기로 한다. 첫째, 중부방언 '-요'가 다른 지역 방언에서는 어떤 형태로 사용되는가에 대해 조사를 통하여 현대 국어의 특성을 보여 주는 '-요'와 그 방언 형태의 사용 실태를 알아보기로 한다. 둘째, '-요'가 어떤 형태로부터 비롯되었으며 그것이 어떤 역사적 변이 과정을 거쳤는지를 살펴보기 위해 '-요'와 '-요' 방언 형태의 기원과 형태 구조를 알아보기로 한다. 셋째, 현대 국어 '-요'의 의미와 기능을 알아보기 위해 '-요'와 '-요' 방언 형태의 형태론적 특성과 실현 양상을 알아보기로 한다. 넷째, '-요'의 문장에서의 분포 특성과 결합 원리를 통해 '-요'의 기능과 문법 범주에 대해 알아보고자 한다.

　'-요'와 관련된 연구를 살펴보면 대략 대우 체계와 관련된 것, 분포와 관련된 것, 사회언어학과 관련된 것, 담화 기능과 관련된 것 등으로 나눠 볼 수 있다. 먼저 대우 체계와 관련된 기초적 연구로는 최현배(1934)를 들 수 있겠다. 최현배(1934)에서는 '-어요', '-지요' 등을 단일 형태소로 다루면서, '-요'를 하오체와 동일한 등급으로 기술하였다. 이후 성기철(1970)에서는 반말과 '-요'형의 화계를 격식체와 구별해 기술하면서, 반말은 예사낮춤(하게)과 아주낮춤(해라)의 두 화계를 포괄한 두루 낮춤의 화계를 형성하고, '-요'형은 아주높임(하십시오)과 예사높임(하오)을 포괄한 두루 높임의 화계를 형성한다고 하였으며5), 한길(1986)에서는 '-요'가 반말만이 아니라 아주 높임의 종결형에도 결합될 수 있는 것으로 보고 있다6). 이 외에도 '-요'를 대우 체계와 관련지어 연구한 것으로 고영근(1974a, 1974b), 서정수(1972, 1979), 이기갑(1978), 손영춘(1983) 등이 있다.

　'-요'의 분포에 대한 연구는 이상복(1976)에서 처음 이루어졌고, 김정대(1983), 이정민·박성현(1991)에서도 이에 대한 연구가 있었다.

　'-요'는 사회언어학적 연구의 관심 대상이 되기도 했다. 박영순(1976), 서덕현(1985)에서는 사회언어학적 측면에서 '-요'의 쓰임의 강

---

5) 이 외에도 격식체의 네 화계와 비격식체의 두 화계를 설정한 연구에는 성기철(1985), 고영근(1974), 서정수(1984) 등이 있다.
6) 화계의 격식성과 관련하여 '-요'를 다루고 있는 연구에는 황적륜(1976), 이정민(1981), 서정수(1984) 등이 있다.

세를 지적하였고, 김정대(1984)에서는 '-예'와 '-요'의 청자 존대 기능을 사회언어학적 측면에서 설명하고 있다.

그런가 하면 '-요'는 담화 기능과 관련되어 연구되기도 했다. 김정대(1983)에서는 '-요'의 화용적 기능에 대해 연구하였고, 조일규(1985)는 삼천포 지역에서의 '-요'의 쓰임을 살펴보면서 문중의 '-요'에 대한 새로운 접근을 보여주었으며, 노대규(1989)와 최명옥(1976)에서도 문중의 '-요'와 '-말이야'를 비슷한 성격의 구어 표현인 것으로 분류하고 있다.

'-요'에 관한 연구에 대해서 살펴본 결과, 대우 체계와 관련된 것이 주류를 이루었으며, 그 외에 사회언어학과 관련된 것, 분포와 관련된 것, 담화 기능과 관련된 것 등이 있었다. 그런데 '-요'와 유사한 분포를 보이면서 거의 동일한 기능을 담당하고 있는 전남방언의 '-라우'와 충청방언의 '-유', 그리고 경상방언의 '-예'를 함께 고려한 종합적인 연구는 발견되지 않는다. 김웅배(1989)에서 전남방언 '-라우', '-우'와 '-요'에 대한 부분적인 연구가 있었고 김정대(1984)에서 경남방언 '-예'와 '-요'에 대한 연구가 있기는 하지만, 이들은 일부분에 해당하는 연구이지 '-요'계 형태 전체에 대한 종합적인 연구는 아니다.

국어의 보편문법(핵문법)을 기술하기 위해서는 방언의 특수성을 설명할 수 있어야 한다. 방언의 특수성도 국어 보편 문법의 통시적 변화 결과이기 때문이다. 국어사를 보다 정확히 기술하기 위해서 방언을 함께 연구하는 것이 더 바람직한 방법이라고 할 수 있다[7]. 그러므로 각 방언에서 유사 기능을 지닌 '-요'의 이형태를 종합적으로 연구

---

7) 최명옥(1990), 국어연구 어디까지 왔나, 동아출판사. pp. 673~674.

하는 것은 '-요'의 문법을 보다 설명력 있게 기술하는 의의를 지닌다
고 하겠다.

이 글의 궁극적 목적은 현대 국어에 널리 쓰이는 '-요'의 문법을 밝히기 위한 것이다. 그러나 현대 국어는 현대 이전 국어의 통시적 변화 결과의 산물이므로 현대 국어를 보다 정확히 설명하기 위해선 반드시 통시적 현상을 함께 설명하여야 하고, 아울러 현대 국어에 사용되는 방언 형태도 설명하여야 한다. 그러나 '-요'와 관련하여 방언의 전반을 고려한 연구가 많지 않다[8]. 이는 현대 국어 연구가 통시적 연구와 더불어 방언 전반을 고려한 공시적 연구가 함께 이루어져야 함을 가리킨다.

이 글에서 대상으로 삼은 현대 국어 자료는 입말 자료이다[9]. 글말 자료는 보조 자료로 활용하였다. 그래서 이 글에서는 한국정신문화원에서 발간한 구비문학대계를 방언의 주 자료로 활용하고, 각 지역 방언에 관한 선행 연구에 인용된 자료를 보조 자료로 활용하였다.

위와 같은 연구 방법과 대상 자료로 '-요'의 문법을 밝히기 위해, 아래와 같은 내용을 알아보았다.

---

8) 국어의 방언 연구가 1910년대의 일본인 학자 소창진평에서부터 시작되어 80년에 이른다. 최명옥(1998:4)에 기술된 바와 같이 그간의 국어 방언 연구가 개별 방언에 대한 연구와 둘 이상의 방언에 대한 연구가 이루어졌다. 그러나 그간의 방언 연구는 말 그대로 방언 연구이지 방언 전반을 고려한 국어 연구라고 하기에는 미흡하다.

9) 황병순(1996:24)에서 지적한 바와 같이 방언은 생생한 입말 자료이어야 자료로서 가치가 있다. 이런 점에서 방언 연구는 현지 조사를 통해 얻은 입말 자료를 근거로 연구하는 것이 바람직하지만, 현지 조사의 한계가 있어서 한국정신문화원에서 발간한 구비문학대계를 근거로 연구하였다.

첫째, 입말 자료에 나타나 있는 '-요'계 이형태들이 각 지역 방언에서 어떤 형태로 사용되었는지에 대한 면밀한 검토를 통해 이들 형태의 분포 실태를 알아봄과 동시에 방언 이형태를 통해 방언간의 차이를 알아보고자 한다. 그리고 실제 사용 예의 분석을 통해서 분포적 특성을 밝혀보고자 한다. 여기에서 '-요'나 '-요'의 방언 형태가 어느 정도 생산적으로 사용되고 있는지 알게 될 것이다.

둘째, 통시적인 관점에서 '-요'의 내부 형태 구조를 면밀히 분석하여 '-요'의 기원과 형성 과정을 밝히고자 한다. 여기에서 '-요'나 '-요'의 방언 형태가 어떤 뿌리에서 어떤 변이 과정을 거쳐 형성되었는지를 알게 될 것이다.

셋째, '-요'의 분포 실태를 알아보기로 한다. 여기에서 '-요'와 '-요' 방언 형태의 형태론적 특성을 알게 될 것이다.

넷째, '-요'의 기능을 알아보고, 이를 토대로 '-요'의 문법 범주를 설정하기로 한다. 여기에서 현대 국어 '-요'의 특성을 알 수 있을 것이다.

위의 내용을 다음과 같은 순서로 전개하기로 한다.

2장에서는 '-요'계 형태가 각 지역 방언에서 어떤 형태로 실현되고 있는가 하는 것을 살펴보고 그 내용을 지도를 통해 나타내 보고자 한다. 그리고 3.1장에서는 '-요'가 어디에서 비롯되어 어떠한 변이 과정을 거쳐서 오늘날의 모습으로 실현되고 있는지에 대한 '-요'의 기원 문제에 대해서 살펴보고자 한다. 그 다음 3.2장에서 동일한 뿌리인 '-이다'에서 출발한 이형태들이 각 지역 방언에서 어떤 형태로 실현되고 있으며, 그 변이의 원리는 무엇인지 분석하고자 한다. 그리고 4장에서는 '-요'가 실제 문장에서 어떻게 분포하는지를 살펴보고, 그 분포의 원리를 반말체 형태의 문말에 결합되는 경우와 완성문 형태의 문말에 결합되는 경우, 그리고 도막말 형태의 문말에 결합되는 경우와 문중에 결합되는 경우로 나누어서 분석해 보고자 한다. 마지막으로 5장에서 '-요'의 기능과 의미를 문말과 문중으로 나누어서 살펴보고, 이를 토대로 '-요'의 문법 범주를 설정하기로 한다.

# ‘–요’의 방언 형태

'-요'가 각 지역 방언에서 어떤 형태로 분화되었는지를 알아보기에 앞서 국어의 방언 구획에 대해서 알아보도록 하겠다. 지역 방언은 그 것을 이루고 있는 지역의 크기에 따라 다시 대방언권, 중방언권, 소방 언권으로 나누어진다. 국어를 대방언권으로 나누면 대체로 함경남북 도를 포괄하는 동북방언, 평안남북도를 포괄하는 서북방언, 경상남북 도를 포괄하는 동남방언, 전라남북도를 포괄하는 서남방언, 제주도를 포괄하는 제주방언 그리고 나머지 지역을 포괄하는 중부방언 등의 여섯 개로 나누고 있다[10]. 이 여섯 개의 대방언권 가운데 중부방언은 경기도·강원도·황해도·충청남북도의 지역을 포괄한다. 이 글에서 는 위의 방언 구획을 기준으로 중부방언과 동남방언, 그리고 서남방 언과 제주방언에서 '-요' 방언 형태의 실현 양상에 대해서 알아보기 로 한다. '-요'의 방언 형태도 이러한 방언 구획에 크게 벗어나지 않 는다[11]고 보았기 때문이다.

　방언권에 따른 '-요'의 방언 형태[12]에는 충청방언권을 중심으로 해 서 중부방언권 일부 지역에서 사용되는 '-유', 동남방언권에서 사용

---

10) 국어의 방언 구획에 관한 연구는 소창진평(1944)에서 경상도방언, 전라도방 언, 함경도방언, 평안도방언, 경기도방언, 제주방언의 6개 방언권으로 설정한 이래 연구자에 따라 5개~8개 방언권으로 나누기도 하였으나, 일반적으로 국 어를 여섯 개의 방언권으로 나누고 있다. 방언 구획에 관한 연구로는 하야육 랑(1945), 김영송(1963), 천시권(1965), 최학근(1976), 이기갑(1986), 최명옥 (1998) 등을 참조할 수 있다.
11) 엄격히 말하면 '-요'의 방언 형태는 기존의 방언 구획과 일치하지 않는다. 그 럼에도 기존의 방언 구획에 따른 것은 '-요' 방언 형태만으로 방언 구획을 달 리 설정하는 것이 바람직하지 않다고 보았기 때문이다.
12) 중부방언과 동남방언, 그리고 서남방언과 제주방언의 모든 지역에서 '-요'는 기본적으로 사용되고 있고 추가로 각 지역 방언별로 다양한 이형태가 사용되 고 있는 현실이다. 크게 구분하면 '-요'만 사용되는 지역이 있는 반면에, '-요' 와 다른 이형태가 같이 사용되고 있는 지역으로 나눌 수도 있다.

되는 '-예', 서남방언권에서 사용되는 '-라우', 제주방언권에서 사용되는 '-양'이 있고, 그 외 방언 접촉 지역에서 사용되는 '-여'와 '-이다'가 있다. 이러한 '-요'의 방언 형태는 서법에 따라 분포에 다소 차이가 있다. 그래서 여기에서는 방언 구획에 따른 '-요'의 방언 형태가 서법에 따라 어떻게 달리 분포하는지를 알아보고자 한다.

중부방언권에서는 대부분의 지역에서 '-요'로 실현되고 일부 지역에서 '-유'와 '-여'가 사용되고 있다. 더 구체적으로는 '-요'가 경기도 일대와 충청북도 북부 지역에서 사용되고, '-유'가 충청남도, 경기도 남부, 그리고 충청북도 일부 지역에서 사용되며, '-여'는 충청북도 청원군 일대에서 사용된다.

### 2.1.1 평서법

(1) 철수는 밭에 갔어요.
(2) 아이구 형님 여기 쉬어유.
(3) 순이는 키가 커유.
(4) 물괴기가 먹구 싶다구 하더래여.

### 2.1.2 의문법

(5) 어디서 왔어요?
　　고기가 많아요?
　　이거 고등어 한 손에 얼마씩 해요?
(6) 어디서 왔어유?
　　고기가 많어유?
　　이거 고등어 한 손에 얼마씩 해유?
(7) 청주서는 얼마나 해여?

---

13) 중부방언과 관련된 자료는 '한국구비문학대계'와 이 지역 방언에 대한 논문인 박경래(1998, 1999), 유구상(1991), 정원수(1992) 등을 참조하였다.

### 2.1.3 명령법

(8) 빨리 좀 해요.

(9) 어서 좀 해유.


### 2.1.4 청유법

(10) 식사 좀 같이 하시지요.

(11) 식사 줌 같이 하시지유.


### 2.1.5 감탄법

(12) 일을 참 잘 하던데요.

　　　찬이 없어도 잘 잡수시데요.

(13) 일을 참 잘 하데유.

　　　찬이 없어도 잘 잡수시데유.


위 예에서와 같이 중부지방에서 사용되는 '-요'는 서법에 구애받지 않고 두루 쓰이는 형태로서 주로 경기도와 강원도, 충청도 북부 지역에서 사용되고, '-유'는 서법에 관계없이 충남 전역과 경기 남부, 충북 일부 지역에서 사용되고 있음을 확인할 수 있다. 그리고 '-여'는 충북 청원군 일대에서 사용되고 있음이 확인되었다. 그 결과를 보이면 <지도 1>과 같다.

통천
회양
김화
화천
속초
인제
양양
영천
춘천
김포
양구
포천
강원도
파주
의정부
가평
홍성
경기도
부천
서울
광명
홍천
동해
양평
과천
회양
평창
정선
광주
여주
원주
삼척
평택
안성
영월
태백
음성
제천
단양
하남
충주
당진
천안
진천
괴산
서산
예산
청주
옥천
충청남도
충청북도
보은
홍성
대전
공주
청원
보은
서천
논산
영동
요 : ●
유 : ○
여 : ◆
라 : △
우

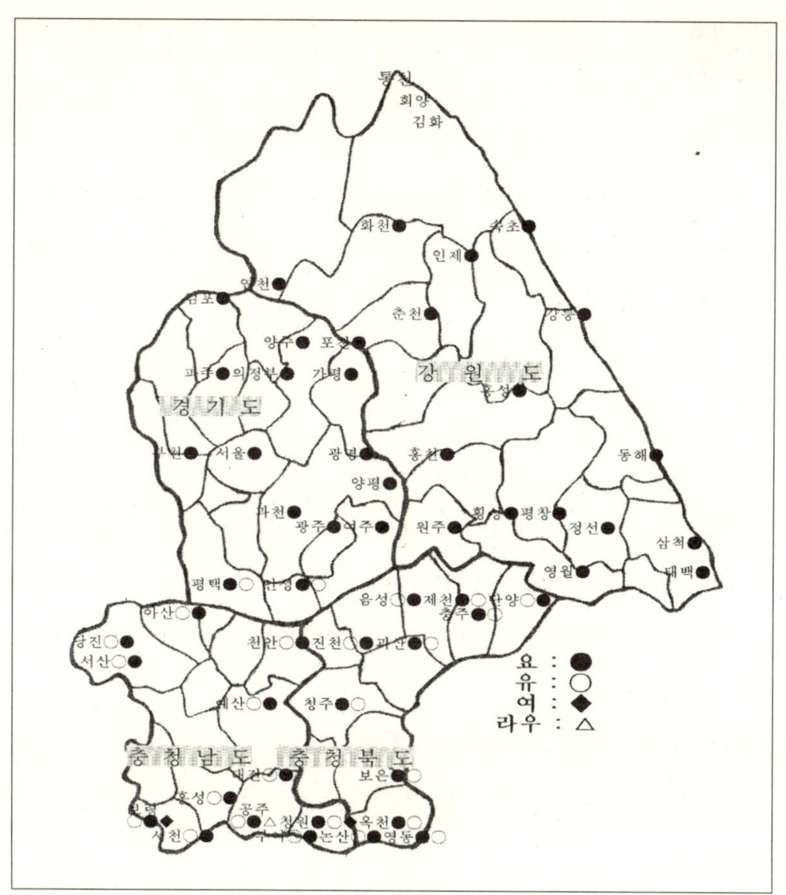

<지도 1>

동남방언권에서는 전 지역에서 '-예'가 실현되고, 경북 상주와 구미, 선산 지역에서는 '-여'가 사용되고 있다. 그리고 경남 남해에서는 '-이다'가 사용되고 있다.

### 2.2.1 평서법

(14) 인자 막 일을 끝냈어예.

　　아까부터 저렇게 먼산만 바라보고 있어예.

(15) 그 사람은 저짝으로 갔어여.

　　니라 놓디이만은 그래 그만 큰 굴이 있는데 호래이 그리 쑥 드가더래여.

(16) 아부지께서 오십니다이다.

　　지끔 돌아 오십니다이다.

### 2.2.2 의문법

(17) 그것도 우리 논이지예?

　　어떤 기 좋은 긴고예?

(18) 아무것도 잘못 하도 안한 걸 왜 보따리 싸가 우에 내보내여?

　　종놈이 뭐땜에 나와서 그래여?

---

14) 동남방언과 관련된 자료는 '한국구비문학대계'와 권재일(1982), 이상규(1991), (1998) 등을 참조하였으며, 그 외에 화자가 가지고 있는 이 지역 방언에 관한 직관을 참조하였음.

일꾼 말을 들어여?

(19) 오디 가십니까이다?

오늘은 일을 헙니까이다?

이걸 어무이가 허겠십니까이다?

### 2.2.3 명령법

(20) 어서 앉아예.

고마 집에 있어예.

(21) 많이 드시고 오소이다.

가시거들랑 꼭 기별 전허시다이다.

### 2.2.4 청유법

(22) 같이 가시지예.

밥 좀 같이 드시지예.

(23) 같이 가여.

밥 좀 같이 먹어여.

### 2.2.5 감탄법

(24) 나이보다 정정하시네예!

일을 참 잘하데예!


위에서 살펴본 동남방언에서의 '-요'계 방언 형태는 동남방언권의
전 지역에서 모든 서법에 관계없이 두루 쓰이는 '-예'가 있고, 경북

상주와 구미, 선산 지역어의 평서법과 의문법, 청유법에서 '-여'[15]가 쓰이고 있다. 그리고 남해방언의 '-이다'는 특이한 용법을 보인다. 동남방언의 '-예'나 '-여'와 달리 남해방언의 '-이다'는 상대 대우 형태가 실현된 '-ㅂ니다', '-ㅂ니까', '-소', '-시다' 등에만 결합되어 쓰인다. 이는 남해방언의 '-이다'가 상대 대우 체계의 화계를 이루는 형태가 아니라 단순히 자의적으로 쓰여 상대와의 관계를 친밀하게 표현하는 화용표지라고 볼 수 있다.

동남방언 형태의 분포는 <지도 2>와 같다.

---

15) 이 지역 방언에서의 '-여'는 주로 '-아/어' 뒤에서만 쓰이는 특성이 있다. 다른 문말 어미 뒤에서는 '-요'가 쓰인다.

봉화 ●▲◆
울진 ●◆
영주 ●▲●
문경 ●● 예천 ●▲
영양 ●▲
안동 ●▲
영덕 ●▲
상주 ●▲◆
의성 ●▲
청송 ●▲
군위 ●▲
경 상 북 도
김천 ●▲ 구미 ●▲◆
포항 ●▲
요 : ●
에 : ▲
여 : ◆
이다 : ▼
성주 ●▲
대구 ●▲
경산 ●▲
영천 ●▲
경주 ●▲
거창 ▲●
고령 ●▲
합천 ▲●
달성 ●▲
청도 ●▲
함양 ▲●
밀양 ▲●
산청 ▲●
창녕 ▲●
경 상 남 도
양산 ●
함안 ▲●
창원 ▲●
마산 ▲●
울산 ▲●
진주 ▲●
부산 ▲●
하동 ▲● 사천 ▲●
고성 ●
통영 ●
남해 ▲▼●

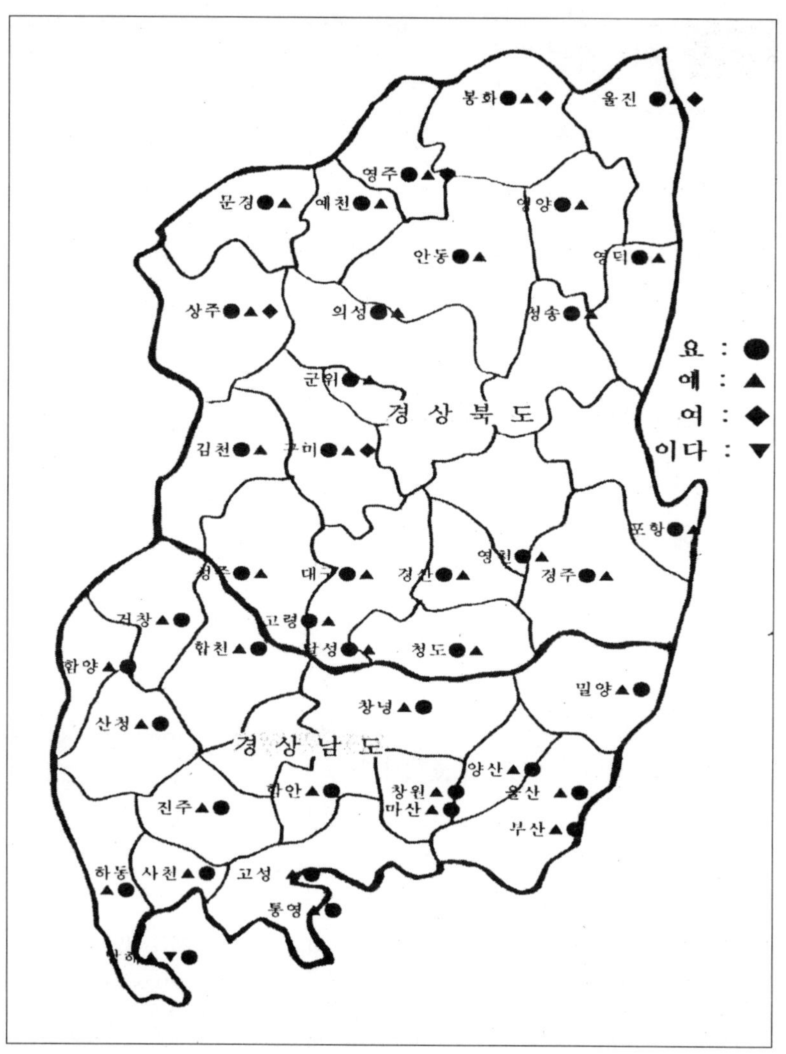

<지도 2>

　　서남방언권 전역에서는 '-라우'가 실현되고, 순천과 승주 일부 지역에서는 '-요'가 사용되고 있다. 그리고 경남방언과 접촉 지대인 광양, 구례, 여천 지역에서는 '-이다'가 사용되고 있다.

### 2.3.1 평서법

(25) 아버지 한테도 말을 못해라우[17].

(26) 베깥에 비가 오데요.

### 2.3.2 의문법

(27) 어:따 쓰까라우?

(28) 해필 지비가 이걸 헸능가이다?

(29) 누님 어디 가요?

---

16) 서남방언에 관한 자료는 '한국구비문학대계'와 김웅배(1989, 1998), 이기갑(1982, 1998) 등을 참조하였음.

17) 김웅배(1989:43~48) 는 전남방언 '-라우'의 분포 특징을 다음과 같이 주장하면서 동남방언 '-예'와 그 분포와 기능이 비슷한 것으로 생각된다고 했다.

① '-라우'는 반말투의 종결어미에 붙어 들을이 높임을 나타낸다.

② '-라우'는 어미가 아니더라도 반말투의 말이면 결합되며 그것들이 폐음절일 때는 '-이라우'가 된다.

③ '-라우'는 연결어미 다음에도 붙는다.

④ '-라우'는 한 월 안에서 화자의 의도에 의해 여러 어절에 붙어 들을이 높임과 동시에 부드러움, 친밀감, 강조 등의 뜻을 지닌다.

(30) 몸이라우 아프싱께라우 저라고라우 맨날이라우 울기만이라우 해라우.

### 2.3.3 명령법

(31) 어서 해요.

　　빨리 먹어요.

(32) 빨리 먹어라우.

　　오늘 중으로 일을 끝내라우.


### 2.3.4 청유법

(33) 인자 고마 주무시지라우.

　　좀 더 드시지라우.


　　서남방언권에서 쓰이고 있는 '-요'의 방언 형태는 서법에 따라 조금씩 차이가 있다. '-라우'가 이 방언권의 전 지역에서 평서법과 의문법, 명령법, 청유법 어미로 쓰이고 있고, '-요'가 순천과 승주 일부 지역에서 평서법과 의문법, 명령법 어미로 '-라우'와 함께 사용되고 있다. 경남과 인접한 일부 지역에서 '-이다'가 평서법과 의문법 어미로 쓰이고 있다[18]. 서남방언의 '-요' 방언 형태 분포는 <지도 3>과 같다.

---

18) 서남방언의 '-이다'는 동남방언(남해방언)의 '-이다'와 달리 상대 대우의 화계를 이루는 형태라는 점에서 다소 차이가 있다.

군산
익산
완주
진안
무주
김제
전주
부안
전 라 북 도
정읍
임실
장수
고창
순창
영광
남원
장성
광주
담양
곡성
구례
함평
나주
화순
전 라 남 도
순천
광양
영암
보성
승주
장흥
여천
목포
강진
여수
해남
요 :
유 :
여 :
우 :
다 :

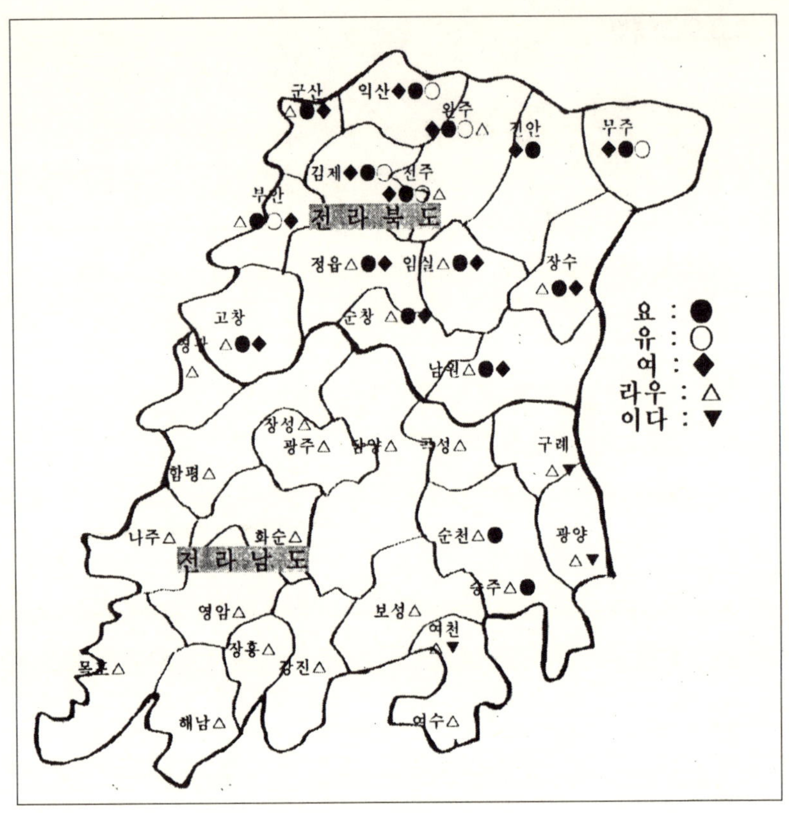

<지도 3>

제주도 전역에서는 '-양'이라는 특이한 형태가 사용되고 있으며, 동남방언 형태인 '-예'가 사용되고 있다.

### 2.4.1 평서법

(34) 혼 십분 정도 가지양.

이 남문통 길로 곧장 가지양.

제주도엔 가당봐도 바다이우다양.

(35) 가의도 공부호염서예.

일 하영 호염신게예.

### 2.4.2 의문법

(36) 관덕정더래 가젠허민 어떵 가면 될건고양?

거긴 어떵가민 될건고양?

(37) 이젠 일덜 다 호여서예?

철수도 공부호염시카예?

이 책예?

혼저예?

---

19) 제주방언에 관한 자료는 '한국구비문학대계'와 현평효(1991) 등의 논문을 참조하였음.

### 2.4.3 청유법

(38) 같이 가지양.

　　　같이 좀 먹지양.

(39) 같이 가쥐예.

　　　같이 흡쥐예.


### 2.4.4 감탄법

(40) 비바리덜 곱들락호고 놀씬하우다양!


　　지금까지 제주방언에서의 '-요'계 이형태의 쓰임에 대해서 알아보았다. 그 결과 평서, 의문, 청유, 감탄법에서 '-양'[20]이라는 이 지역 특유의 형태가 쓰이고 있음을 확인하였다. 그리고 동남방언의 형태인 '-예'가 이 지역에서 사용되고 있음이 밝혀졌다.

　　제주방언 형태의 분포 실태는 <지도 4>와 같다.

---

20) '-양'의 기원에 대해서는 보다 심도 있게 연구가 되어야 하겠지만 다른 '-요'계 이형태인 '-예', '-유', '-여' 등과 마찬가지로 '-요'계 이형태인 것으로 잠정적으로 추정한다.
그리고 이 지역에서만 실현되는 특이한 형태로 '-마씀'이 있다.
　(41) 이젠 다 돼어서마씀.
　　　이건 나 フ져마씀? 현평효(1991:88)에서 재인용.

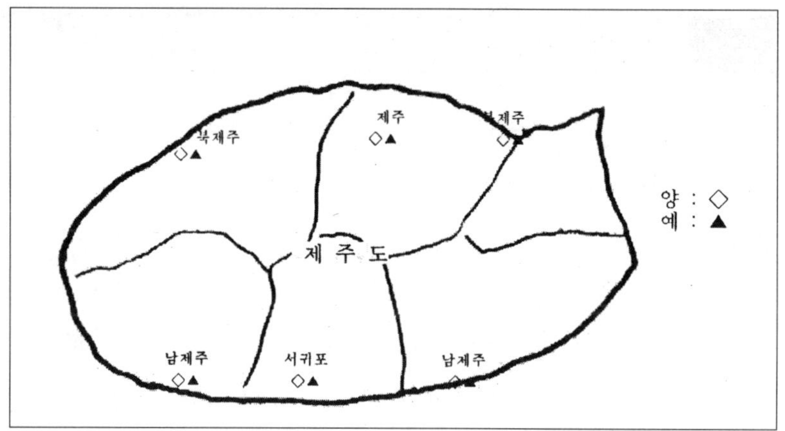



<지도 4>

2.5    정 리

　지금까지 살펴본 '-요'의 방언 형태에 관한 것을 정리하면 다음과 같다. 먼저 '-요'가 각 지역 방언에서 어떤 형태로 실현되고 있는지에 대해서 네 개의 대방언권으로 나누어서 살펴보았다. 그 결과 중부방언에서는 '-요'가 서법에 관계없이 경기도와 충청도, 강원도에서 쓰이고 있고, '-유'가 서법에 관계없이 충남 전역과 경기 남부, 충북 일부 지역에서 사용되고 있다. '-여'가 충북 청원군 일대에서 사용되고 있음이 확인되었다. 그리고 경남과 접촉 지역인 구례, 광양, 여천, 여수에서는 '-이다'가 사용되고 있었다. 동남방언에서는 모든 서법에 두루 쓰이는 '-예'라는 형태가 확인되었고, 경북 상주와 구미, 선산에서는 평서법과 의문법에 특이하게 '-여'가 쓰이고 있었다. 남해 지역에서는 평서법과 의문법, 명령법에서 '-이다'와 같은 특이한 형태가 사용되고 있었다. 그리고 서남방언에서는 '-라우'가 전 지역에서 평서법과 의문법, 명령법, 청유법에서 사용되고 있었다. 다만 감탄법에서의 사용 예는 발견할 수 없었다. '-요'가 순천과 승주 일부 지역에서 평서법과 의문법에서 쓰이고 있었다. 끝으로 제주방언에서는 평서법과 의문법, 청유법, 감탄법에서 '-양'이라는 특이한 형태가 사용되고 있음이 확인되었다. 그리고 동남방언의 형태인 '-예'가 이 지역에서 사용되고 있음이 확인되었다. 이렇게 여러 가지 방언 형태로 실현되고 있는 변이의 원리는 3장에서 밝히기로 하겠다.

　지금까지 논의된 '-요'계 방언 형태의 각 지역별 실현 양상을 종합하여 표시하면 <지도 5>와 같다.

통천
회양
김화
속초
화천
인제
연천
김포
춘천
강원
강릉
양주
포천
홍성
파주
의정부
가평
서울
광명
홍천
동해
양평
경기
횡성
평창
화천
광주
여주
원주
영월
삼척
태백
평택
안성
음성
제천
봉화
울진
충주
영주
아산
충북
당진
천안
진천
문경
안동
영덕
서산
충남
청송
예산
괴산
상주
의성
대전
청주
군위
경북
보령
공주
김천
구미
포항
대구
경주
청원
무주
성주
완주
고령
익산
달성
청도
군산
김제
거창
합천
창녕
밀양
부안
전주
함양
산청
울산
고창
남원
경남
영광
하동
사천
창원
양산
장흥
광주
고성
부산
함평
담양
곡성
구례
남해
통영
나주
전남
순천
여천
영암
보성
여수
목포
해남
강진
북제주
제주
남제주

요 : ●
여 : ▲
유 : ○
라우 : △
여 : ◆
이다 : ▼
양 : ◇

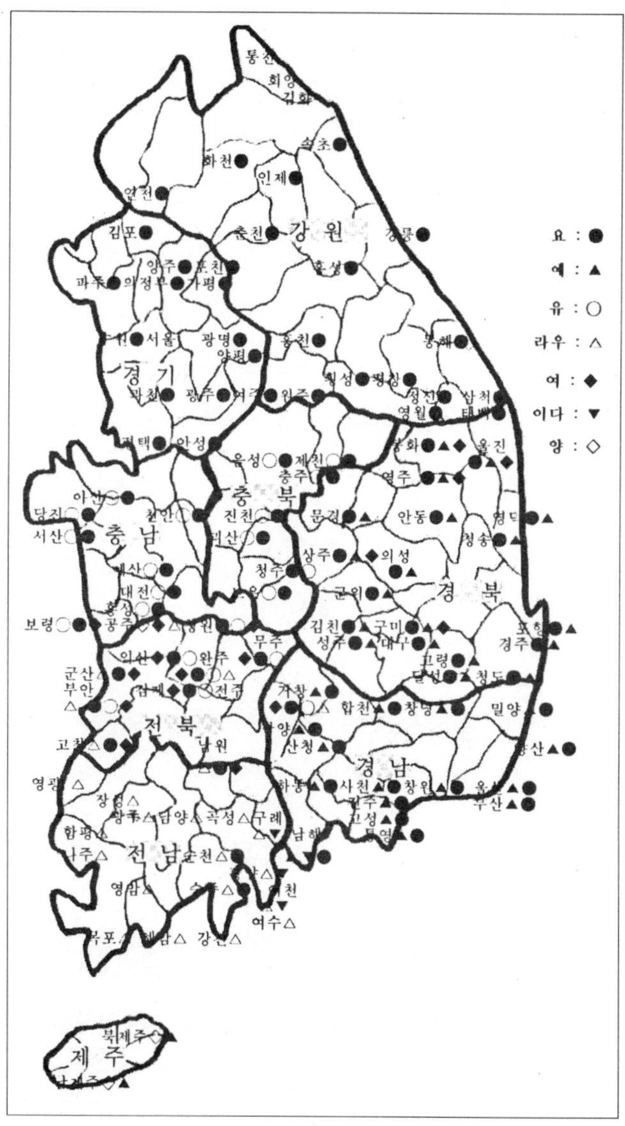

<지도 5>

# 3

# '-요'의 기원과 형태 구조

'-요'가 19세기부터 나타나기 시작했다는 것은 잘 알려진 사실이지만, 그것의 기원과 형성에 대해서는 아직 밝혀진 것이 없다. '-요'가 하오체의 종결어미 '-오'로부터 변화한 것이라고 보는 견해(최전승 1990:174~175, 이기갑 1997:210)도 있으며, 그것이 계사의 하오체 활용형 '-이오'로부터 유래했다는 견해(김종택 1981:26, 민현식 1984: 141, 김웅배 1998:84, 김승곤 1989, 고광모 2000)도 있다. 그러나 그 견해들에는 '-요'의 형성 기원에 대한 아무런 설명도 없으므로, 그것들은 '-요'의 외형의 유사성에 근거한 막연한 추측 이상의 것이 아니다.

서정목(1988:100~101)에서는 한국어 문법의 대우 체계를 올바로 수립하기 위하여 가장 먼저 착수해야 할 것은 주체 대우와 마찬가지로 청자 대우도 높이는가 높이지 않는가 하는 유무 대립의 체계로 바꾸어 파악하는 일이라고 했다. 즉 어떤 형태소의 있음에 의하여 높게 대우하는 것이 표시되고 그 형태소의 결여는 높게 대우하지 않음을 나타낸다고 기술되어야 한다는 것이다. 중세 한국어에서 발화와 관련된 인물들의 존비 관계를 나타내는 형태에는 주체 대우 형태소 '-(으)시-', 객체 대우 형태소 '-습-', 청자 대우 형태소 '-(으)이-' 혹은 '-(으)잇-'이 있다. 그런데 현대 한국어의 문법에서 '-(으)시-'만 독자적 형태로 기술되고 있을 뿐, '-습/습니다', '-습/습니까' 등에서와 같이 형태소 '-습-'이나 '-(으)이-' 혹은 '-(으)잇-'의 후계형은 독자적 형태로 기술되지 못하고 있다. 그러나 화석화된 문법 형태는 역사적 산물이므로 그 문법 형태의 의미 기능을 정확히 기술하기 위해서는 화석화되기 전의 형태로 분석하여 재구조화 과정을 추적하여야 한다. 이 점을 수용하면 '-요'는 중세 국어에서 사용되어 온 명사구문화 표지 '-이(다)'에 상대 존대 형태인 '-이'가 결합되어 재구조화된 것이라는 가설을 세울 수 있다[21].

　'-요'의 기원을 밝히기 위해서는 먼저 15세기부터 우리 국어의 존대법 체계가 어떻게 변화되어 왔는지를 알아 볼 필요가 있다. 허웅(1954)[22]에서는 15세기 존대법에 주체 존대법 '-시-', 객체 존대법 '-습-'이 있다. 그리고 상대 존대법으로 '-이-' 또는 그것이 생략된 어형과 '-쇼서-'가 있다. 그 뒤에 안병희(1961)에서는 객체 존대법을 주체 겸양법이라 주장했으며, 이숭녕(1962, 1964)에서 안병희의 주체 겸양설을 그대로 수용하는 연구들이 있었다. 이숭녕(1964)은 이 '-이-'를 공손법의 형태소라 하여 화자 대 청자의 신분성의 대립에서 화자가 상대적으로 하위자일 때 그 신분성을 표시하기 위한 어미에 나타나는 서법이라 하였다[23]. 이와 같이 15세기 존대법 체계에 대한 연구들에서 조금씩 다른 주장들이 발견되지만 공통적인 것은 상대 존대가 '-이-'에 의해서 실현되었다고 하는 점이다[24].

---

21) 김웅배(1998:71)에서는 '-요', '-라우', '-이다' 등은 그 연원이 될만한 실사를 찾을 수 없고 다만 그 형태의 유연성 등으로 보아 계사 '-이다'가 그 연원일 것으로 상정해 볼 수 있다고 했다.
　　이 논리에 의할 것 같으면 청자 존대의 기능을 담당하는 형태에는 15세기 상대 존대소 '-이-'가 어떤 형태로든지 관련되어 있다는 것을 의미한다.
22) 허웅(1954), 존대법사, 성균관학보 제1집.
23) 이숭녕(1964), 경어법 연구, 진단학보 25. 26. 27 합병호, 진단학회. pp. 318~319.
24) '-이-'는 보수성이 강한 일부 지역 방언에서 아직도 사용되고 있다.
　　전남방언 중 경상남도와 접촉 지역인 광양, 여수, 구례와 경남 남해에서 실현되고 있음이 확인되었다.

　　ㄱ. 아부지가 진지를 드시-ㅂ디<u>다</u>.

그럼 이러한 '-이-'가 어떻게 '-이(다)'에 결합되었는가? 이는 '-이
(다)'가 첨사로 사용되면서부터라고 할 수 있다.

(1) ㉠ 이런드로 혼인홀 날와 둘로 님금끽 告ᄒ며 지게ᄒ야 조샹신
　　령끽 고ᄒ며 술와 음식을 밍ᄀ라 ᄆ술히며 동관 벋뷔롤 브
　　르ᄂ니　뻐 그 골희요믈 듕히 ᄒ노래니라. < 번소 3:11ㄴ >

　ㄴ 故고로 日일月월以이告고샤군ᄒ고 齊지戒계以이告고鬼귀
　　神신ᄒ고 爲위酒쥬食식以이ᄀᆞᆷ쇼鄕향黨당僚료友우ᄅᆞᄂ니
　　以이厚후 其기別별也야 ㅣ니라. < 번소 3:11ㄴ >

(2) ㉠ 할부지께서 진지를 드십니다이다.

　ㄴ 아부지께서 오십니다이다.

　ㄷ 생이가 밥을 묵-(우)네이다.

　ㄹ 언니가 책을 보-네이다.

　ㅁ 진지를 다 자셨데이다.

　ㅂ 어무니가 밥을 묵-(우)데이다.


(1-㉠, ㄴ) 예문에서 알 수 있듯이 '-이(다)'는 완성문에 첨사로 결합
되었다. 이는 국어가 명사문으로 기술되는 특성을 지니고 있기 때문

---

지끔 가시-ㅂ디<u>이다</u>.

그리고 제주방언에서는 이 '-이-'가 '-우-'로 실현되고 있다.

　ㄴ. 저디 걸어가는 거 뭐우과? (저기 걸어가는 것이 무엇입니까?)
　　저건 쉐우다. (저것은 소입니다.) 현평효(1991)참조.

특히 보수성이 강한 남해와 제주도 섬 지역에서 이 형태가 아직까지 사용되
고 있는 것은 여러 가지로 시사하는 바가 많다고 할 수 있다.

이기도 하다. 이러한 '-이(다)'에는 서법적인 형태만 결합되는데, (1)의 '-이다'에는 상이나 시제를 가리키는 형태가 결합되지 않고 서법 기능을 지닌 형태만 결합되었다. 이는 '-이다'가 상황 의미를 드러내는 형태가 아님을 가리킨다. 현대 국어에서 '-이다'가 이러한 용법으로 쓰인 예는 (2)의 남해방언에서 찾아볼 수 있다.

남해방언의 '-이다'와 번역소학언해의 '-이니라'의 차이는 상대 존대 유무이다. 남해방언 '-이다'에는 상대 존대 의미가 있다. 남해방언의 '-이다'에 상대 존대 의미가 있다면 이 '-이다'에 '-이-'가 녹아 있다고 봐야 한다. 이것은 현대 국어의 상대 존대 기능으로 쓰이는 다른 형태에서도 확인할 수 있다[25].

이상규(1991:69~70)에서는 경북방언의 청자 대우법은 중부방언과 체계적으로나 형태소 구성과 분포상으로나 많은 차이가 있음에도 불구하고 청자 대우법에 나타나는 종결어미의 형태소 구성에 대한 정밀한 분석과 선어말어미와의 통합 관계 등에 대한 연구가 미진한 상태라고 지적하였고, 경북방언 상대 존대 서술어 '-니이더'는 ['-니(시상)-' + '-이(상대존대)' + '-더(종결어미)']로 재분석이 가능하다고 하면서 현대 국어에서 상대 높임소 '-이-'의 존재를 확인하고 있다[26]. 그러므로 '-이(다)'에 실현되는 상대 존대의 기능을 나타내는 형태소는 '-이-'로 보는 것이 마땅하다.

---

25) 이 꽃이 예쁩<u>니다</u>.(ᄂ+이+다)
    순이는 학교에 갑<u>디다</u>.(ᄃ+이+다)
26) 이 밖에 현대 국어에서 청자 높임소 '-이-'의 존재를 확인한 논의는 서정목 (1983, 1992), 서태룡(1985, 1988), 한동완(1988b), 김태엽(1992, 1993, 1998) 등이 있다.

(3) 저는 바다에 가니이더.

순이가 밥을 묵니이더.

오늘 지가 자아(시장에) 가니이더.


이렇게 본다면 현대 국어에서 실현되고 있는 여러 가지 상대 존대의 뿌리는 '-이-'라고 할 수 있다. 그러면 15세기 상대 존대 형태소 '-이-'가 어떠한 변이 과정을 거쳐 현대 국어에서 '-요'로 실현되고 있는지를 살펴보고자 한다.


(4) 나라히이다. <월인 8:94>

뮈워 올모미 업수이다. <능엄 3:116>

마ᄀ리잇가? <용가 15>

슬ᄫᆞᇇᄂ니잇고? <천강 상. 128>

닙습ᄂ니잇고? <월인 21:50>

오시니잇고? <석보 6:3>


(4)는 15세기의 청자 존대법으로 '-이-'가 '-다', '-ㅅ 가', '-ㅅ 고' 앞에 결합하여 청자를 높이는 기능을 나타내고 있다.

이것이 16세기를 거쳐 17세기로 오면서 대변혁기를 맞이하게 된다. 15세기나 16세기에 '-이-'로 실현되던 것이 17세기에는 [ㅇ]이 어두에서의 음가가 소실되면서, 그 표기법이 '-ㅇ 이-'와 '-이-'로 된다[27].

---

27) 허웅(1954)에서는 15세기에 '-이-'로 발음되던 것이 17세기에는 비음화한 '-이-'로 발음된 것으로 보고 있다. 'ᄒ닝이다'를 [ㅇ 이]로 표기하는데 '-ㅇ 이-'에서 '-ㅇ-'에 15세기의 [ㅇ] 음가가 있다고 본 것이다.

(5) ㉠ 沙門은 ᄂᆞ미 지순 녀르믈 먹ᄂᆞ니이다. <석상 二四, 22>

　　 ㉡ 아므 일 업시 건너시니 아름다와 ᄒᆞ닝이다. <첩해 一, 10>

　　 ㉢ 아모 일 업시 건너시니 아름다이 너기ᄂᆞ이다. <중간 첩해一, 13>


(5-㉠)은 중세 국어 자료로서 '-이-'가 실현된 예이고, (5-㉡, ㉢)은 근대 국어 자료로서 '-이-'가 주변 형태에 융합된 것을 보여준다. 이들의 변이 과정을 알기 위해서는 우리 국어의 상대 존대 표현 형태의 변이 과정을 알아볼 필요가 있다[28].

15세기 존대 굴곡어미의 굴곡 범주로는 ① 주체 존대 : '-으시-', ② 객체 존대 : '-습-', ③ 상대 존대 : '-이-', '-쇼서-' 등의 세 가지가 있었다[29]. 따라서 15세기의 청자 존대는 '-이-'와 '-쇼서-'에 의해서 이루어졌다고 할 수 있다. 이것에 대한 보기를 들면 다음과 같다.

---

이현희(1982:149)에서는 근대 국어의 ᄒᆞ소셔체의 현현 양상에서 '-습-'류의 기능 변화와 공손법 어미 '-이-'의 불안정성을 그 특징으로 들 수 있다고 했다. 공손법 어미 '-이-'는 '-예-' 또는 '-이-'로 나타나다가 '-니-', '-리-' 같은 선어말어미 뒤에서는 아예 나타나지 않고 통합되어 버리는 경우도 있다고 하면서 이것은 그만큼 중세 국어의 '-이-'가 근대 국어에서 퇴조하고 있음을 보여준다고 했다.

[28] 안귀남(1996:299)에서는 16세기부터 20세기까지 청자 존대 형태소를 아래와 같이 밝히고 있다.

16세기 : '-ㅇ 이-/-이-'

17세기 : '-ㅇ 이/-이-'

18세기 ~ 20세기 : '-이-'

따라서 16세기~20세기의 서술법은 15세기로부터 '- 이-> -ㅇ 이-> -이-'의 변화 과정을 통해 청자 존대 형태소 '-이-'에 의해 형성되었다고 볼 수 있다.

[29] 허 웅(1963), 중세국어 연구, 정음사. p. 50.

(6) 날옴 업스이다. <능엄 4:126>

그리ᄒᆞ야 가다이다. <월인 7:10>

모ᄅᆞᅀᆞᄫᅡ이다. <석보 11:10>

오ᅀᆞᄫᅩ이다. <월인 9:91>

도라가 世尊끠 내 ᄠᅳ들 펴아 술ᄫᅡ쇼셔. <석상 6:6>

ᄂᆞ리디 마ᄅᆞ시고 오래 겨쇼셔. <월석 2:15>


이것이 16세기를 거쳐 17세기로 오는 동안에 많은 변화가 일어난다. 그리하여 17세기를 상대 존대법의 혼란기라고도 한다[30]. 17세기에 상대 존대법은 다음 세 가지 방법에 의해 표시되었다.

첫째, '-ㅇ이-', '-이-'가 상대 존대의 강도는 다르지만 상대 존대법으로 쓰였으며, '-쇼서-'는 청자에게 청원을 나타내면서 역시 상대 존대법을 표시하였다.


(7) 問安ᄒᆞ시뎡이다. <첩해 5:17>

넘녀ᄒᆞ니이다. <첩해 3:4>

우흐로 겨오샤ᄂᆞᆫ 나디마오쇼셔. <계축 1:52>


둘째, '-ㅇ이-'계열의 상대 존대 굴곡어미가 그 기능이 약화되자 '-습-'계열의 굴곡어미를 끌어쓰게 되었다.

---

30) 최기호(1981), 청자 존대 체계의 변천 양상, 자하어문논집 제1집. p. 23.
   최명옥(1976:165)에서는 17세기초에서 19세기말까지 3세기에 이르는 시기는 국어사에서 일대 격변기라고 했다.

(8) 붓그럽ᄉ왕이다. <첩해 6:10>

먹습ᄂ이다. <첩해 2:7>

ᄒᆞᆸ쇼서. <첩해 8:2>


셋째, '-이-'의 기능 약화 때문에 '-습-'을 끌어쓰다가 '-습-'의 상대 존대의 기능이 강화되면서 '-습-'하나만 가지고 상대 존대의 굴곡어미로 쓰게 되는 것이다.


(9) 부러 이리 ᄒᆞ엿습ᄂ가. <첩해 2:10>

이리 ᄀᆞᄀᆞ ᄒᆞ닷말이 이시니 주디 마옵소. <계축 2:134>[31]


상대 존대 체계가 이렇게 많은 변화를 겪은 것은 [ㅇ]음가의 소실과 연관지어서 이해해야 할 것이다.

'-ㅇ이-'와 '-이-'형태는 동사, 형용사, 계사에 두루 결합되어 있다.


(10) ㉠ 넘녀 ᄒᆞ니이다. <첩해 3:4>

㉡ 만족ᄒᆞ양이이다. <첩해 5:19>

㉢ ᄒᆞᆫ가지로 주글 ᄯᅵ이로송이다. <신속 효 6:8>


상대를 철저하게 대접해주는 우리 국어의 특성상 또 다른 상대 존대 표현 형태를 필요로 했을 것이다. 말하자면 상대를 대접해서 말을 해야 할 상황은 점점 늘어가는데, 그것을 표현할 수 있는 도구는 오

---

31) 최기호(1981), 앞의 논문.

히려 줄어든 것이다. 여기에서 뭔가 새로운 형태의 표현 도구가 필요하게 되었고, 그 결과 근대 국어에 와서 '-요'가 나타나게 된 것이다[32].

앞의 논의에서 마지막으로 '-이-' 대신에 상대 존대를 담당한 것은 '-습-'이라고 했다. 이 '-습-'은 주체 겸양을 나타내는 형태소였다. 이것이 [ㅇ]의 음가가 소실되면서 '-이-'의 기능이 약화되자 그 기능을 '-습-'이 대신하게 된 것이다. 그런데 이 '-습-' 역시 '-스오-', '-줍-', '-즈오-', '-옵-', '-으오-', '-오오-', '-오-'와 같은 많은 변이형태로 실현되게 된다. 상대 존대 관련 형태의 이러한 변화 양상으로 상대 존대를 위한 새로운 형태가 필요하게 되었을 것이다. '-요'가 형성된 것은 이러한 변화 과정의 결실이라 할 수 있다. '-요'는 '-이+오'로 분석될 수 있다. 이 경우 '-요'의 상대 존대 기능은 '-이'나 '-습-'에서 발달된 '-오-'에서 비롯되었다고 볼 수 있다. 그런데 '-요'의 방언 형태 '-이다'나 '-여'로 보아 '-요'의 상대 존대 기능이 '-오'를 분석해 낼 수 없다. 그렇다면 '-요'의 상대 존대 기능은 '-이+오'의 '-이-'에서 찾아야 할 것이다[33].

---

32) 신창순(1963:190~191)에서 문헌상으로 '-요'형이 쓰이게 된 것은 근대 국어 이후에 이르러서라고 한다.

33) '-요'가 중세 국어 상대 존대소 '-이-'를 기원으로 한다면 '-요'가 형성되기까지 어떠한 변이의 과정을 거쳤을까?
고광모(2000)에서는 '-요'의 기원을 반말체 소문장에 덧붙던 계사의 하오체 활용형 '-이오'로 보고 있다. 고광모(2000)는 주로 분포적인 특성을 가지고 논리를 전개하다 보니 기능적인 면과 각 형태소 '-이-'와 '-오-'가 각각 어디에 뿌리를 두고 있으며 그것이 어떠한 변이 과정을 거쳐서 오늘날 '-요'의 모습으로 나타나게 되었는지에 대한 정밀한 분석이 부족한 것 같다. 김차균(1980:47 이후)에서 지적한 바와 같이 어떠한 문법 범주 혹은 문법 특성, 특히 기원을 밝히고자 할 때는 그 구성 형태소 자체의 정확한 분석이 전제되어야 한다. 그리고 어떤 형태소의 기원을 밝히고자 할 때는 공시적인 방법에 여기서 우리가 생각할 수 있는 가설은 상대 존대소 '-이-'의 기능이 계사 '이(다)'에 녹아들어 융합된 형태에 '-오'가 결합되었다는 것과 중세국어 주체 겸양소 '-습-'에서 비롯된 '-오'에 상대 존대소 '-이-'가 융합된 형태에 상대 존대소 '-이-'의 기능이 녹아든 계사 '이(다)'에 결합되어 '-요'가 생성되었다고 보는 것이 있다. 이 글에서는 후자의 입장에서 논의를 전개하고자 한다. 물론 전자의 가설도 충분한 타당성이 있지만, '-오'의 기능과 관련지으면 후자의 가설이 더 타당하다고 본다.

먼저 '-요'에 녹아있는 '-오'에 대해 알아보기로 한다. '-오'는 중세 국어 주체 겸양법 '-습-'에 전신을 두는 현대 국어 '-삽-'의 한 이형태[34]로 주체에 대한 겸양을 나타낸다. 따라서 '-습-'에 뿌리를 둔

---

의해 현시적인 자료만을 가지고 판단해서는 곤란하다. 특히 국어의 선어말 어미와 어말어미에는 많은 변화(축약)를 겪은 것이 많기 때문에 통시적인 변화 과정을 충분히 검토해야 한다.

34) 설명법과 의문법의 '-오'는 '-습-'류에서 기원한 것으로 주장된 바 있다. 최명옥(1976:165~168), 이현희(1982:81~82)참조.
그러나 명령법 어미 '-오'에 대해서는 다소간의 이견이 있다.

아룸답스의 여긔오ㄹ오소(첩해)

이현희(1982:153)에서는 위 예에 사용된 명령법 어미 '-오/소' 앞에 '-습-'류가 통합할 수 없으므로 '-오/소'가 '-습-'에서 비롯되었다고 볼 수 없다고 했다. 그러나 서정목(1988:143~144)에서는 명령법 어미 '-오/소'를 '-습/읍-'과 관련된 '오오체'어미 '-오/소'의 교체형 가운데 하나인 '-오'라고 보고 '-읍시오'에 '-오'가 중복되어 들어있는 문제를 역사적 변화의 시대 차이와 관련지어 설명하고 있다. 즉 '-오/소'의 교체를 보이는 '오오체' 어미의 형성은 근대 한국어 시기에 이미 이루어진 것이고, 선문말 형태소들의 통합체 '-(으)ㅂ 시-'의 명령법에서의 사용의 일반화는 적어도 1930년대에 와서나 볼 수 있는 현대 한국어 시기에 형성된 구성체라는 사실로부터 그 중출의 가능성을 열어 줄 수 있다고 설명하고 있다. 이 글에서는 후자의 의견을 따르고자 한다. 왜냐하면 근대 국어에서 형성된 '-오'는 이미 '-습-'에서 비롯된 주체 겸양의 '-오'에 상대 존대소 '-이-'가 통합되어 상대 존대 기능을 하는 것으로 '-(으)ㅂ 시오'

'-오'에는 청자 존대의 기능이 없다고 봐야 한다. 그런데 근대 국어 단계에서 '-습-'류가 적어도 문말의 종결어미로 쓰일 경우는 겸양법의 기능을 잃고 공손법의 기능을 지닌다(이현희 1982:149). 이것은 곧 '-오'에 어떤 형태로든지 '-이-'의 기능이 녹아 있다고 봐야 한다.

'-오'의 기능과 관련하여 우리가 고려해 봐야 할 것은 주체 존대소 '-시-'와 주체 겸양의 '-습-', 그리고 청자 존대소 '-이-'의 결합 순서이다. 황병순(1985:357∼369)에서는 문장은 상황을 표현한 명제 요소와 이에 대한 말하는 이의 인식 방법이나 인식 태도를 표현한 양상 요소로 이루어졌다고 하면서 현대 국어의 양상 요소가 명제 요소 앞에 놓일 수 없다고 하였다. 이에 따르면 '-습-'은 상황 구성 요소인 객체를 대우하는 명제 요소이므로 상대를 대우하는 양상 요소 기능이 없다[35].


    (11) 듣줍더시니. <능엄 1:78>
         보숩더니다. <월인 18:83>
         비호ᅀᆞᄫᅩ리이다. <석보 6:11>


그러나 '-습-'이 '-오'로 바뀌어 문말에 쓰이게 되면 '-오'의 기능도 양상 요소 기능으로 바뀌어 청자 대우 기능을 수행할 수 있게 된다[36]. 따라서 문말 위치에 나타난 '-오'에는 상대 존대소 '-이-'의 기

---

가 가능하다고 보기 때문이다.
35) 서정목(1988:107∼112)참조.
    최기호(1981:12∼13)는 15세기 이들의 결합 순서를 '-습-+-시-+-이-'라고 밝히고 있다.
36) 왜냐하면 화자와 청자와의 관계를 나타내는 요소는 문말 위치에서만 나타날

능이 녹아 있다고 봐야 한다. '-오'가 청자 대우 기능을 하게 된 것은 아래 예 (12)에서와 같이 '-이-' 앞에 놓이던 '-오-'가 (13)에서와 같이 '-이-'와 '-오'가 축약되어 쓰이면서부터다. 그리고 이러한 기능이 보다 뚜렷이 나타난 것은 (13)과 같이 축약된 '-오-'뒤의 문말 어미 '-다'가 생략되면서부터이다. 문말 어미 '-다'가 생략된 (13)의 '-외'는 (14)의 '-오'로 실현되기도 한다. 왜냐하면 종결어미 '-오'-는 '-이-'의 기능 즉 상대 대우 기능도 수행해야 하는 형태이기 때문에 '-이-' 없는 '-오'로도 그 기능을 수행할 수 있기 때문이다.


(12) ㉠ 비록 스르미 무레 사니고도 중싱마도 몯호이다. <석보 6:5>

　　　㉡ 먹노이다. <월인 상:128>

　　　㉢ 사노이다. <월인 상:143>

(13) ㉠ 나므니는 一端도 자블 公木이 업스외. <첩해 4:10b>

　　　㉡ 一定 그러면 더옥더옥 아롬답스외. <첩해 8:14a>

　　　㉢ 자너네 눈에도 보실더 어히 업다마다 니르시는 바 아무려

---

수 있기 때문이다.
이기갑(1998:356~357)에서 한국어의 상대 높임법은 씨끝과 토씨에 의해 표현되는 것이 전형적이라고 했다. 특히 안맺음씨끝 '-습-', '-이-', 마침법의 맺음씨끝, 그리고 토씨 '-요' 등이 이런 기능을 하며, 상대 높임법의 표지들은 어절이나 문장의 끝 부분에 나타나는 경향을 보인다. 마침법의 맺음씨끝이나 토씨 '-요'는 모두 어절이나 문장의 맨 끝에 나타나고, 안맺음씨끝 '-이-'도 맺음씨끝 직전에 나타난다고 했다. 다만 '-습-'만이 줄기 바로 뒤에 나타나 다른 형태들과 차이를 보이는데, 이것은 '-습-'이 원래 객체 높임을 뜻하던 기능에서 전환된 탓이라고 했다. 이처럼 상대 높임에 관련된 형태들이 어절이나 문장의 끝 부분에 나타나는 위치적 제약은, 화용 범주가 통사 범주보다 뒤에 나타나는 일반적 경향에 부합한다고 했다. 특히 한국어에서 서법과 상대 높임법이 동일한 맺음씨끝에 의해 표현되는 것은 두 범주가 모두 말할이의 태도 표현이라는 화용적 기능을 공통으로 갖기 때문인 것으로 보인다고 했다.

도 不當ᄒ외. <첩해 4:14a>

　　ㄹ 구ᄒ시ᄂ대로 나믄듸 업시 불귀도 왓스오니 깃브외. <첩해
　　　5:10a>

(14) ㄱ 이제ᄂ 모년으로 도라 보뎌여시니 벗기 쉽게 ᄒ야시니 다
　　　힝ᄒ오. <한중록 p. 438>

　　ㄴ 그 일을 그뎌도록 홀 일이오. <한중록 p. 404>[37]


　그럼 '-요'에 결합된 '-이-'는 어떻게 분석되어야 할 것인가? 앞에서 '-요'는 '이+이+오+이'로 분석할 수 있는 형태라고 하였다. '-요'에 계사 '이-'가 녹아있다고 한 것은 '-요'가 문말 어미에 결합되기 때문이다. 다시 말해 예문 (1)에서와 같이 국어가 명사문으로 표현되는 경우 '이(다)'를 결합시키는 방법을 취하기 때문이다. 그러나 '-요'를 단순히 계사 '이-'에 '-오'가 결합되었다고 할 수는 없다. 앞에 언급한 바와 같이 '-오'가 없는 '-여', '-이다'가 상대 대우 기능을 하는 경우를 설명할 수 없기 때문이다. 이유는 이것만이 아니다.

　'-요'가 단순히 계사 '이-'에 '-오-'가 결합되어 만들어졌다면 '-요'와 '-오'가 그 기능이나 높임의 정도면에서 동일해야만 된다. 그런데 '-오'와 '-요'는 기능이나 높임의 정도면에서 차이가 난다[38]. 기능이나 대우 등급에서 차이가 난다는 것은 '-오'에 결합된 '-이'때문이라고 볼 수 있다. 이때의 '-이-'를 단순한 계사 '이-'로 보아서는 논리적

---

37) (13)~(14)의 예문은 최명옥(1976)에서 재인용한 것임.
38) 최명옥(1976:169)에서는 '-예/-요'는 그것이 있으므로 해서 친밀감을 더해주기 때문에 '해라체'의 「-ㄴ 가/고, -ㄹ 가/고」 와 결합하여, 격식을 차리는 '하소(오)체'보다 더 존대를 나타낸다고 했다.

인 설명이 불가능하다. 왜냐하면 계사 '이-'에는 상대를 대우하는 기능이 전혀 없기 때문이다. '-이-'로 인해서 대우의 등급과 기능면에 변화를 가져왔다면 '이-'에는 어떤 형태로든지 그것이 가능하도록 하는 뭔가가 있다고 봐야 한다. 그래서 '이-'에 형태적으로 유사하면서 대우 기능을 수행하는 '-이-'가 녹아 있다고 본 것이다. 실제 '-이-'가 녹아 있는 경우는 다른 형태에서도 확인할 수 있다. 이현희(1982:161) 와 최기호(1981:28~35)에서는 '-이-'의 변이 과정을 다음과 같이 설명하고 있다.


(15) 나라히이다. <월인 8:94>
    藥이이다. <월인 21:218>


(15)는 15세기의 사용 예로서 '-이이다' 형태로 실현되었음을 보여준다. 15세기와 16세기에는 이런 형태로 나타나던 것이 17세기에 와서는 어두에서 [ㅇ]음이 나타나는 일이 없게 되면서 그 표기법이 '-ㅇ이-'와 '-이-'로 실현되었다.


(16) 조츠시미 웃듬이오닝이다. <첩해 6:21>
    들으시미 됴스와이다. <중간첩해 6:28>


이와 같이 중세 국어의 상대 존대소 '-이-'가 근대 국어에 오면서 그 형태는 없어졌지만 그 기능은 '-이-'에 녹아들었다고 볼 수 있다. 따라서 '-이-'가 '-오'에 결합하여 '-요'를 만들어 낼 때 상대 존대의 기능을 새롭게 부여할 수 있다는 것을 합리적으로 설명할 수 있다. 이와 같은 논리대로라면 '-요'의 기원은 '-이이오'라고 봐야 한다. 그렇다면 '-이이오'로 쓰인 예를 찾을 수 있어야 하는데 그러한 예를 전혀 찾을 수 없다는 것은 무엇을 의미하는가? 그것은 각 형태소의 발생 시기와 통합된 순서에서 해답을 찾을 수 있다. 앞에서 살펴본 것처럼 '이-+-이->이1'[39] 로 통합이 이루어진 것은 17세기 무렵의 근대 국어부터다. 그런데 하오체의 '-오'는 18세기 무렵에 형성되었다[40]. 그러니까 '이-+-이->이1'의 통합이 17세기에 먼저 일어난 다음 18세기 무렵에 '-오-+-이>외>오1'의 통합이 이루어진다. 그 뒤에 '-이1-+-오1>-요'의 통합이 이루어진다[41]. 따라서 '-이이오' 형태의 예가 만들어질 수 없었으므로 '-이이오'에 관한 자료를 찾을 수 없다.

앞에서 '-오'와 '-요'는 [+친밀감]의 정도와 대우 등급 면에서 차이를 보인다고 했다. 최명옥(1976:164~169)에서 '하소체(하오체)'는 친

---

39) 앞으로 계사 '이-'에 상대 존대소 '-이-'의 의미 기능이 녹아서 융합된 형태를 '-이1-'로, '-오'에 상대 존대소 '-이-'의 의미 기능이 융합된 형태를 '-오1'로 표시하고자 한다.

40) 신창순(1984:256~263)에서는 춘향전과 심청전, 흥부전 등의 대화 자료를 근거로 하오체는 18세기에 확립되었고, 해요체의 '-요'는 19세기초에 성립된 것으로 보고 있다.
최명옥(1976)에서는 1901년에 필사된 한중만록에서 「-소~-오」가 의문법과 서술법에 쓰인 예를 근거로 하소체는 늦어도 19세기에 형성된 것으로 추정된다고 했다.
안탓갑소마는 현바 엇디 ᄒᆞ오시릿가. <한중록 p. 230>
이제는 모년으로 도라 보터여시니 벗기 쉽게 ᄒᆞ야시니 다힝ᄒᆞ오.<동 p. 438>
세상의 모ᄅᆞ리 업스니마노라 무슨 사ᄅᆞᆷ이 되게소. <동 p. 404>

41) 고광모(2000:259)에서는 '-요'가 19세기부터 나타나기 시작했다고 한다.
고영근(1974b)에서는 '해요체'가 본격적으로 형성된 것은 20세기 중반 이후라고 했다.

밀감은 없고 격식만 요구되는 청자에게 [-하대, -존대, -친밀(+격식)]
의 자질이 부여될 경우에 사용된다고 했다.

(17) 그 일을 그더도록 홀 일이오.
당신은 그기:좋소?
웬간히 먹으시오.

반면에 '하이소체'는 [-하대, +존대, +친밀]의 자질을 가진 청자에
게 사용한다고 했다.

(18) 금년 농사는 잘 되었던가요.
벌써 가실려고요.
무조건 잘못했다고 빌어요.

(17), (18)의 예를 통해서 볼 때 '-오'에는 없는 [+친밀감]과 [+존
대]의 자질이 '-요'에는 있다는 것을 보여준다. 이경우(1998:58~59)에
서 개화기 당시의 '하오체'는 수평적이거나 윗사람에게 사용하는 경
어법이라고 하였다. 그러나 하인들은 상전에게 '하오체'를 사용하지
못했다고 했다. 하인들은 상전에게 '하오체'는 쓸 수 없었지만 '해요
체'는 쓸 수 있었다고 했다.

(19) ㉠ 여보 윈 사람이오? <혈의 누 5>
(옥년모가 윈남자에게 하는 대화이다.)

여보 왼 히거를 그리ᄒ오? <귀의 성 상 25>

(상위계층에 속하는 김승지가 김승지부인에게 하는 대화이다.)

ⓛ 죽기ᄂ 무엇을 죽어요? <혈의 누 52>

(하녀인 로파가 군의부인에게 하는 대화이다.)

쇤네 됴흔 일인가요? <빈처 105>

(금분이가 상전인 평양집에게 하는 대화이다.)[42]


(19-ㄱ, ㄴ)은 각각 개화기의 '하오체'와 '해요체'의 사용 예이다. 이
것은 '하오체'에 비해 '해요체'의 대우 등급이 더 높다는 것을 의미한
다[43]. 따라서 '-요'의 전신인 '-이오'의 '-이-'에는 상대 존대소 '-이-'
의 의미가 융합되어 있다고 봐야 한다[44].

---

42) 이경우(1998:57~60)에서 재인용.
43) 최전승(1990:135~136)에서 인용한 예를 보면,

　　ㄱ. 여보, 나아리 여기 어듸 쥬막잇소. (토끼→별주부) <퇴. 300>
　　　　여보, 어만이, 저 봉사 좀 불어주오. (춘향→춘향모) <수절. 하. 20a>
　　ㄴ. 여보시요, 봉사님, 남녀간 무어시오? (심청모→심봉사) <완심. 상. 4a>

　여보시요, 상전임, 이계 무슨 쥬먼이요? <박. 414>

　위의 예 ㄱ)의 '여보'에 비해서 ㄴ)의 '여보시요'에는 주체 존대소 '-시-'가
포함되어 있으므로 분명히 '여보' 보다 대우 등급이 높다고 볼 수 있다. 그
런데 '여보' 다음에는 주로 '-오'가 결합되어 있는데 반해 '여보시오' 다음에
는 '-요'가 결합되어 있는 것으로 봐서 '-요'가 '-오'에 비해 대우 등급이 더
높다고 볼 수 있다.
　고광모(2000:265)에서는 예사 높임의 하오체에 뿌리를 둔 해요체가 두루 높
임에 쓰이는 이유는 하오체와 합시오체의 빈자리를 채우는데 해요체가 두루
필요하기 때문이라 했다. 이것은 해요체가 하오체에 비해서 여러 층의 대우
등급에 두루 결합할 수 있다는 것으로 곧 '-오'에 비해서 '-요'의 대우 등급이
다르다는 것을 의미한다.
44) 한동완(1988b:224)에서 '하리라'와 '하리다'의 대우 등급이 다른 원인을 '하리
　라'에 비해 '하리다'에 음장(音長)이 작용하여서 '하리:라'의 '-리:-'는 사실상

‘-이-’ 융합형 ‘-요’의 발생 과정은 ① ‘-이-+-이+(-다)>-이1-’에 의해서 만들어진 융합형 ‘-이1-’에 ② ‘-오-+-이>오이>외>오1’의 변이 과정에 의해서 만들어진 ‘-오1’이 결합되어 만들어졌다고 볼 수 있다. ②에 의해서 주체 겸양 ‘-습-’에서 비롯된 ‘-오-’에 상대 존대소 ‘-이’가 결합되므로 해서, 이 때의 ‘-오’는 상대 존대의 의미 기능을 하는 형태로 바뀌었다. 이것이 ①에 의해서 만들어진 ‘-이1-’에 결합되어 ‘-요’가 만들어졌다. 따라서 ‘-요’의 기원은 ‘ 이1(이+이) + 오1(오+이)’ 이라고 할 수 있다.

‘-요’의 기원을 ‘이+이+오+이’로 봐야 하는 또 다른 이유는 ‘-요’의 기원을 ‘-이-’와 관계없는 ‘-이오’로 봤을 때는 각 지역 방언에서 ‘-유’, ‘-여’, ‘-예’, ‘-이다’, ‘-이라우’ 등 다양한 이형태로 실현되고 있는 ‘-요’계 이형태의 변이 과정을 합리적으로 설명할 수 없다. 이들 이형태의 기원을 ‘-이+이+오+이’로 봤을 때 그 변이 과정을 논리적으로 설명할 수 있다. 특히 ‘-여(이+어)’나 ‘-이다’에서 상대 대우 기능을 찾는 길은 이들의 ‘-이-’에 ‘-이-’가 녹아있다고 보는 길뿐이다. 언어 현상의 설명은 그것이 언어학적 일반화를 목표로 할 때 의미가 있기 때문이다.

---

‘-리이-’라고 보았다. 그리고 그 ‘-리-’ 뒤의 ‘-이-’는 중세 국어의 상대 존대소 ‘-이-’에 소급되는 것이라고 했다.

**3.2** **'-요'의 형태 구조**

앞장에서 '-요'가 '-이1-+-오1', 더 정확히 말하면 '-이+이+오+이'에서 비롯되었다는 것을 밝힌 바 있다. 그러면 이와 같이 동일한 뿌리를 갖고 있는 '-요'계 형태가 지역 방언에서 각각 '-유', '-라우', '-예', '-여', '-이다' 등 다른 형태로 실현되고 있는 것을 어떻게 설명해야 할 것인가? 방언의 분화는 적어도 방언이 가지는 제 특징에 의해 결정되며 동시에 방언 자체뿐 아니라 항상 역사적인 의미와 과정을 내포하고 있다는 상식적인 전제에 설 때, 우리는 분화의 결과만을 가지고 현시점에서 표면적으로 해석하는 것이 어떤 타당성을 가진다고 보지는 않는다. 즉 분화 이전 상태를 파악하고 거기서부터 변화되어 오는 과정을 살펴야 한다. 이 장에서는 통시적인 방법으로 '-요' 형태의 변화 과정을 설명하고자 한다. [ㅇ] 음가의 소실로 17세기 들어서 상대 존대의 대혼란을 맞는다. 그러면서 현실적으로는 상대 존대표시 형태의 필요성은 더욱더 커지게 되었다. 그 결과 중세 국어에서는 동일한 '-이-' 형태로 표현되던 것이 근대 국어로 넘어 오면서 새로운 형태들로 나타나게 된 것이다. 이 때 각 지역 방언에서의 다양한 이형태가 출현하게 된다.

### 3.2.1 중부방언 '-유'

충청방언권에서는 '-요'의 대응 형태로 '-유'가 사용되고 있다. 이 '-유' 역시 '-요'와 마찬가지로 중세 국어 상대 존대 형태소 '-이-'가 녹아 있는 형태로 봐야 할 것이다. '-이1-+-오1'에서 '-요'로 변화된 과정으로 미루어 볼 때 이 지역의 상대 존대 형태소 '-유'로 실현되기 전 중간 형태가 있었을 것으로 짐작이 된다. 그것은 '-이1-+-오1'의 '-오1'에 해당하는 것으로 이 지역의 발음 습관과 관련된 어떤 형태일 것이다. 그것은 이 지역에서 보편적으로 사용되고 있는 '-우'라고 볼 수 있다. 말하자면 '-우'는 '-이1-+-오1'의 '-오1'에 해당하는 것으로 일종의 이형태[45]라고 볼 수 있다.

(20) 그 분두 거기에 가우.
　　　오늘이 잔칫날이우.


같은 중부방언권인 강원도 방언에서는 의문형과 명령형 종결어미로 '-오'대신에 '-우'가 사용된다[46].

(21) 가시우? 오시우?
　　　하시우. 주시우.


그리고 박경래(1999)의 연구에 보면 충청방언권에서도 '-오-'로 발음해야 할 자리에 '-우-'로 발음하고 있는 예를 많이 발견하게 된다.

(22) 새닥한테 질긍콩 녈라만 나 한 말 줘. 그랬드니 얼른 와서 함

---

45) 이승재(1985:7〜14)에는 경기 지역에서는 일반적으로 '하오체'라고 불러왔던 것을 이 지역의 현실 발음인 '허우체'라고 부른다고 했다.
46) 전성탁(1969), 강릉 지방의 방언 연구, 논문집 5, 춘천교대. p. 9.

말가지가라야. 낭거지는 다낸디야. 그런데 저울루(저울로) 달
어 주지?

팔기로만 함 말아여, 콩언 다 지끔은 키로루(키로로) 따지기
때매 안속어.

숙꿀언 털어가주구(털어가지고) 알만 빼놓구(빼놓고) 껍디기까
지 까놔.


　이것은 이 지역에서는 '-오-'로 발음해야 할 것을 '-우-'로 발음한다
는 것을 보여준다. 이러한 사실들을 근거로 '-유'의 변이 과정을 유추
해 볼 것 같으면, 중세 국어에서 '-이-'로 실현되던 상대 존대 형태가
17~8세기에 이르러 '-이-'의 기능 쇠퇴로 인해서 상대 존대 체계의
많은 변화와 혼란기를 거치면서 18세기 무렵엔 앞 장에서 밝힌 바와
같이 상대 존대 기능을 나타내는 형태소 '-이-'가 녹아 있는 계사 '이
1-'에 '-오1'의 이형태인 '-우'가 결합된 '-이우'가 사용되었을 것이다.
지금 현재도 일부 지역 방언에서는 '-이우'가 사용되고 있다[47]. 그러
다가 '-이우'가 발음의 편의에 의해 '-유'로 축약되어 사용되고 있는
것으로 볼 수 있다. 그 결과 중부방언권에서는 '-요'와 '-유'가 혼용되
고 있다.


　(23) 좀 앉어요.(-시어요.) (표준어, 서울 부근)

　　　좀 앉어유.(-시어유.) (충남 전역, 경기 남부, 충북 일부)

---

47) 머:르 보시:우? (무엇을 보시오?)
　　잘 가시:우. (잘 가시오.)
　　여: 앉으시:우. (여기 앉으시오.)

### 3.2.2 동남방언 '-예', '-여', '-이다'

　동남방언에서는 '-요'계 방언 형태인 '-여'와 '-예' 그리고 '-이다'가 사용되고 있다. 이 중 '-여'는 두 가지로 구분해 볼 수 있겠는데, 그 중 하나는 'ㅣ'모음 뒤에 실현되는 '-어'의 이형태로 존대의 기능이 없는 것이고, 두 번째 것은 '-이1(이+이)+어'에서 비롯된 것으로 존대의 기능이 있는 것이다.


(24) 떠났는데 그래가주고 갈데가 있냐 말이여. (말이야.)

　　　아 백두산이잖에 경상도는 태백산이여. (태백산이야.)

　　　그런데 거리가 한 백리 거리 되어. (돼.)

　　　그 때는 재혼도 안 한 때여. (안 한 때야.)

　　　지게는 항상 짊지고 댕기여. (댕겨.)

　　　이 놈 삽작이 가보인께 동쪽에 없단 말이여. (말이야.)

　　　봉사는 작대기 없으만 못가는기여. (못가는겨.)

　　　시방이나 한가지 아이여. (아니야.)


　위 예문의 '-여'는 [+존대]기능이 없는 것으로 'ㅣ'모음 뒤에 실현되는 '-어'의 이형태로 볼 수 있다.


(25) 고 온 쌀을 주 모둔께 한시 대더래여. (되더래요.)

　　　두 개를 맨들어 놨더래여. (놓았더래요.)

　　　장 숭(흉)을 보더래여. (보더래요.)

　　　그래 한다 카는 기 장모 할마이이 찢기(쫓겨) 나오더래여.(나오더래요.)

그래 나가가주고 또 나간께로 또 바다가 있더래여. (있더래요.)

사울 삼아가 잘 살더래여. (살더래요.)

집에 갔어여. (집에 갔어요.)

집에 가고 없어여. (집에 가고 없어요.)


(25)의 '-여'는 '-요'에 상응하는 것으로 반말체 종결어미 '-어' 다음에 결합한다[48]. '-합니다'체에 해당하는 것으로 주로 '-하더래' 다음에 결합한다. 이것은 (25)의 '-여'와는 달리 [+존대]의 기능을 가진 것으로 '-이1어'에서 비롯된 것으로 봐야 한다. 이상규(1998:121)는 경북 남동 내륙지역과 경남 지역에서는 '하소체' 어미로 '-읍니다'와 '-심더'를 사용하고 경북 서북 지역에서는 '-여'를 사용한다고 했다. '-여'는 앞의 '하오체'의 '-오'의 의미 기능을 대신하는 것으로 볼 수 있다. 앞 장에서 설명한 것처럼 상대 존대소 '-이-'의 기능이 쇠퇴하면서 상대 존대의 기능이 계사 '이-'에 녹아든 상태에서 음운 축약에 의해 '-여'로 변이된 것으로 볼 수 있다.

'-예'는 동남방언의 두드러진 특징으로 상대 존대와 화용적 기능을 나타내는 형태소이다. '-예'는 '-여+이'에서 온 것으로 보여진다. 이 방언에서는 '-이'가 문말 어미 뒤에 광범위하게 실현되고 있다.

---

48) '-래여'는 '-라해여'의 준말이라 역시 문말 어미 '-어'뒤에 결합된 '-여'이다. '-여'는 '-이+이+어'로 분석된다. '-오'가 녹아 있지 않아 '-요'에 비해 겸양이나 친밀의 의미가 약하다고 할 수 있다.

(26) 오랜만이데이 (이다+이)

잘 가재이 (가자+이)

내 오늘 서울 간대이 (간다+이)

그래, 잘 댕겨 온내이 (온나+이)

(27) 오랜만이다.

잘 가자.

내 오늘 서울 간다.

그래 잘 다녀 온나.


위의 (26)은 동남방언에서 일반적으로 실현되고 있는 것으로 (27)과 대비해 보면 이미 종결된 문장 뒤에 '-이'[49] 형태소가 결합되어 있다는 것을 확인할 수 있다. (26)은 (27)과 동일한 의미를 나타낸다. 차이가 있다면 친밀감이다. 따라서 (26)에 사용된 '-이'는 문장의 명제적 의미와는 관계없는 청자에 대한 화자의 [+친밀감][50]을 나타내는 것으로 운율을 동반해 실현된다[51].

그러므로 '-이1-+-어=여'에 '-이'가 결합되어 형성된 '-예'는 [+존대] 의미 뿐만 아니라 [+친밀감]의 의미도 가지고 있다고 볼 수 있다.

---

49) 이때의 '-이'는 ' j '의 장음화로 실현된 것임.
50) 권재일(1982:233)에서 '-이'의 문법적 의미를 '화자에게 확인되어진 것(혹은 완료된 상황인 것을 인식한 것)을 전제로 하여 강조, 다짐하는 방법'이라고 하였다.
51) 운소적인 특징에 대해서는 최명옥(1976:149)에서 잘 설명하고 있다. 국어의 경우 억양은 끝머리에 작용하여 통사적 대립의 기능도 가진다. 문미에 나타나는 억양은 ↑(상승), ↓(하강), →(수평)의 셋으로 표시되며 ↑은 의문을, ↓은 명령이나 서술 그리고 의문사가 있는 문에서 의문을, →은 말이 지속됨을 나타낸다고 했다.

그래서 '-예'에는 아래 (28)과 같이 청자에 대한 대우 등급이 결정된 '합니까체'에 결합하여 [+친밀감]을 나타내는 기능을 담당할 수 있는 것이다. 그래서 '-요'계 이형태 중 분포의 범위가 가장 넓다(4.1장 참조).

(28) 오데 갑니꺼예.
　　　밥 잡샀습니꺼예.


'-이다'는 경남 남해 지역과 전남 광양, 구례, 여천 지역에서 사용되고 있다.


(29) ㉠ 할부지께서 진지를 드십니다이다.
　　　　아부지께서 오십니다이다.
　　　　어무이께서 주무시네이다.
　　　　오디(어디) 가십니까이다.
　　　㉡ 당신이 이걸 사는가이다. (당신이 이걸 사는가요.)
　　　　당신이 내일 받을까이다.
　　　　이것은 나무라이다. (이것은 나무입니다.)
　　　　일을 하지이다. (일을 하지요.)[52]


(29-㉠)은 남해 지역의 사용 예이고 (29-㉡)은 전남방언에서의 사용 예이다. '-이다'는 '-여'와 유사한 형태 구조를 지닌 것으로 보인다. 즉 '-이-'가 결합된 계사 '이1-'에 '-여'의 '-어'에 상응하는 문말 어미

---

52) 김웅배(1998:82)에서 재인용.

'-다'가 결합된 것이다. '이(다)'가 사용되는 지역의 특성은 형태 구조와 관련해 타 방언의 영향이 적은 벽지나 도서 지역이다. 그래서 '-습-'에서 발달된 '-오/우'가 아닌 '-다'와 '-어'가 결합되어 쓰이는 것으로 보인다.

### 3.2.3 서남방언 '-(이)라우'

'-(이)라우'의 기원에 대해서 김웅배(1998:71)에서 '-요', '-(이)라우', '-이다' 등은 그 연원이 될만한 실사를 찾을 수 없고 다만 그 형태의 유연성 등으로 보아 계사 '이(다)'가 그 연원일 것으로 상정해 본다고 했다. 그리고 '-(이)라우'는 계사의 기능과 분포가 확대되면서 여기에 다른 형태소가 붙어 형성된 것으로 생각된다고 했다.

그러나 이때의 계사 '이-'는 중세 국어의 상대 존대소인 '-이-'의 기능이 녹아 있는 '-이1-'로 봐야만 한다[53]. '-(이)라우'는 특이한 형태적 특성[54]으로 인해 '-이-'와의 관련성을 밝히는 것에 다소 어려움이 있

---

53) 김웅배(1998:75)에서는 '게론식이 오늘이라우/이다우'의 예문에서 계사로서의 기능은 이 두 어형이 공통적으로 가지고 있는 '-(이)라/다'가 수행하고 있으므로 의향법과 대우법의 기능은 결국 '-우'가 수행하게 된다고 했는데 이것은 잘못된 것이다. 이 때의 '-이-'는 단순한 계사 '이-'로 봐서는 같은 논문 p. 78.에서 설명하고 있는 '-요'와 '-이다'와의 관련성을 설명할 수가 없다. 이 때의 '-이-'는 상대 존대소 '-이-'의 기능이 녹아 있는 '-이₁-'로 봐야 한다. 따라서 대우법의 기능은 '-우-'에 의해서라기보다는 '-이-'에 의해서 수행된다고 봐야 한다.

54) 김웅배(1998:70~71)에서는 전남방언 대우법소 '-(이)라우'가 어떤 과정을 거쳐서 형성되었는지 매우 흥미로우면서도 의문스럽다고 하면서 '-요', '-유', '-예'는 그 형태나 기능으로 보아 동계적 발달임을 짐작할 수 있지만 전남방언의 '-(이)라우'나 '-이다'는 이것들과 연계된 발달인지 아니면 그 연원이 무엇인지 구명해내기가 쉽지 않다고 했는데, 아마도 이것은 '-(이)라우'의 형태적 특이성 때문이 아닌가 싶다.

기는 했지만, '-(이)라우' 역시 '-이-'와 어떤 관련성을 가지고 있을 것이라는 것이다. 다만 이를 입증하기 위한 근거를 확보하기 어렵다. <열녀춘향가>나 신재효의 판소리에는 나타남직도 하지만 찾을 수 없었다[55].

그러나 현재 사용 중인 전남방언 자료에서 문제 해결의 단서를 발견 할 수 있었다.

서남방언은 '-이오'의 '-오'가 '-라우'로 실현된다.


(30) 금방이라우/다우[56].

지끔이라우/다우.

오늘이라우/다우?

(31) 도련임이 방지 뫼시고 오셔쓰오. (춘향→춘향모) <수절, 상. 19b>


서남방언의 '-(이)라우'는 '이+다+우'로 분석된다. 즉 '-이라우'는 상대 대우 기능을 지닌 '-이-'가 결합된 계사 '이1-'에 어말어미 '-다'가 결합된 형태[57]에 다시 어말어미로 쓰이는 '-우'[58]가 결합된 형태라 할 수 있다. 그러므로 '-(이)라우'는 '-이+이+다+오/우+이'로 재

---

55) 김웅배, 앞의 논문, p. 76.

56) 서남방언에서는 '-(이)라우'의 '-라'가 '-다'로 임의 교체된다. 최전승(1990:165～166)참조.

57) '-오'가 어말어미로 쓰인 것은 17～18 무렵인 것으로 보인다. 최전승(1990)에 인용된 어말어미로 쓰인 위 예 (31)에서 알 수 있다.

58) 우리나라 방언은 크게 동부방언과 서부방언으로 구분되는데 서부방언권인 충청도나 전라도에서는 '-우'가, 동부방언권에서는 '-오'가 사용되는 것으로 보인다.

구조화 할 수 있다. 서남방언 '-(이)라우'는 중부방언의 '-요'와 같은 기능을 지닌다. 비록 개음절 뒤에서 '-이-'가 생략되긴 하지만 '-(이)라우'의 '-(이)-'에는 상대 대우를 뜻하는 '-이-'가 녹아 있다. 그리고 서남방언 '-(이)다우'의 '-우'는 상대에게 친밀감[59]을 드러낸다는 점에서 동남방언의 '-예(여+이)'의 '-이'와 같다.

'-라오'가 '-이라+오'로 분석된다면, 이 '-라'는 '-다'의 변이형이라고 했다. 이 사실에서 우리는 '-(이)라우'가 '-(이)다우'에서 비롯되었을 가능성을 엿보게 된다. 물론 이 때의 '-(이)다우'는 '-이이다우'로

---

59) 이기갑(1998:359~360)에서 아래에서와 같이 전남방언 '-이라우'는 [+친밀감]을 나타낸다.

   ㄱ. 말할이가 [+어른]일 때
     a. [+어른, -대우, +친밀, -높음/-낮음]
     b. [+어른, -대우, +친밀, +높음]
     c. [+어른, -대우, -격식, +친밀, +높음]
   ㄴ. 말할이가 [-어른]일 때
     a. [+어른, -대우, -격식 +친밀, +높음]
     b. [+어른, -대우, -격식 +친밀, +높음]

*공통점 [-격식, +친밀]
전남방언의 '-이라우'는 화자 입장에서 어머니나 할머니, 삼촌, 이모, 고모 등 격식을 차리지 않고 친밀감을 느낄 수 있는 상대에게 주로 사용되고, 아버지보다 여성의 어른에게 주로 사용된다고 하였다. 아래 예가 이것을 잘 보여준다.


(32) ㄱ. 잘 가<u>라우</u>.
   ㄴ. 혼차 가고 있는디<u>라우</u> 히칸 영감이 나타낭께<u>라우</u> 언마나 놀랬는지 몰라<u>라우</u>.(혼자가고 있는데요 하얀 영감이 나타나니까요 얼마나 놀랐는지 몰라요.)
   ㄷ. 집에 와서<u>라우</u> 암말도 안 하고<u>라우</u> 먼 산만 바라코 있다가<u>라우</u> 기양 가번졌어<u>라우</u>.(집에 와서요 아무 말도 안 하고요 먼 산만 바라보고 있다가요 그냥 가 버렸어요.)

형태소 분석이 가능하다. '-이이다우'에서 '-이-'의 기능 축소와 주변
형태소와의 축약이 이루어지면서 '-이1다우'로 축약이 되었다고 볼
수 있다. 이것이 다시 발음의 편의로 인한 유음화를 겪어서 '-(이1)라
우'로 실현된 것으로 봐야 한다. 그것은 이 두 형태가 임의 교체가 가
능한 이형태의 관계에 있다는 것을 의미하며 그 예는 앞의 (30)에 잘
보여주고 있다. 그리고 '-라우'와 '-이라우'도 이형태의 관계에 있
다[60].


(33) ㉠ 오늘이라우.

　　　당장이라우.

　　　저놈이라우.

　　㉡ 어서라우.

　　　싸게라우.

　　　우리 한테 모타 보까라우.


(32-㉠)의 경우와 같이 폐음절 다음에서는 '-이라우'가 사용되었는
데, 이것은 어미 '-오' 대신에 '-라우'가 사용됨을 보인 것이다. (32-㉡)
의 예문에서 보는 바와 같이 개음절 다음에서는 '-라우'로 실현되었
다. 이 때의 '-라우'는 첨사 '-요' 대신에 '-라우'가 사용됨을 보인다.
이 '-라우'에는 '-이-'가 녹아 있다고 봐야 한다[61].

---

60) 김웅배, 앞의 논문. p. 73.
61) 김웅배, 앞의 논문. p. 74.
　　'-(이)라우'는 계사의 기능과 분포가 확대되면서 여기에 다른 형태소가 붙어
　　형성된 것으로 생각된다. 계사의 기능과 분포가 확대되면서 다른 형태소가
　　덧붙어 문법화한 예는 '-랑가'와 '-라우', 그 밖에 다수가 있다.

앞에서 '-이라우'의 '-라-'는 '-이다'의 '-다'의 변이형이라는 것을
밝혔다. 그렇다면 '-우'의 뿌리는 무엇이며 의미 기능은 무엇인지에
대해서 알아볼 필요가 있다.


(34) 콩엿을 스랴우? 씨엿을 스랴우? <변 612>

　　엇든 것 가지시랴우? <박 394>

　　쟝군이 살인 목슘 도로 죽이시랴우? <적 526>

　　츠질 날이 잇다흔이 어느날 츠지시랴우? <춘동 142>


최전승(1990:165)에서 위의 예문에 대해서 의문형 연결어미 '-랴'에
예사 높임의 '-오'가 연결된 형태로 분석할 수 있다고 했다. 그리고
여기서 어미 '-우'는 예사 높임 '-오'에서 'o>u' 모음 상승을 거쳐 발
달된 형태로서, 오구라(1940:86)에서 [-rao] 로 관찰된 바 있다고 했다.
그렇다면 '-우'는 '-오1'에 대한 이 지역의 변이형태라고 볼 수 있으
며, 동남방언 '-이'에 해당한다고 볼 수 있다. 따라서 '-(이)라우'는 [+
친밀감]의 의미 기능이 있다고 볼 수 있다.

이 글에서는 '-요'의 기원을 '이+이+오+이'로 본다. 그 변이 과정을 살펴볼 것 같으면 먼저 명사화 구문 표지인 '이(다)'에 상대 존대 기능 형태소인 '-이-'의 의미 기능이 녹아들어 '-이1-'이 된다. 그리고 '-오'에 '-이-'가 결합된 형태인 '-오이'로 쓰이다가 그 후에 '-외'의 형태로 축약이 되어 사용되었고, 그 뒤에 '-오1'로 실현되게 된다. 상대 존대소 '-이-'의 의미 기능이 융합된 '오1(오+이)'에서 비롯된 '-오'에는 상대 존대의 기능이 있다. 문말에는 청자에 대한 대우나 서법을 나타내는 형태소가 위치하는 것이 일반적인 문법 법칙이다. 따라서 '-오'가 청자와의 대우 관계를 나타내는 형태만 위치할 수 있는 문말에 위치할 뿐만 아니라 상대 존대의 기능을 가지는 것은, '-습-'에서 비롯된 '-오'가 아닌, 상대 존대소 '-이-'의 의미 기능이 녹아 있는 '-오1(오+이)'라고 봐야한다.

그 다음 '-이+오1'에서 음운 축약에 의해 '-요'가 만들어졌다고 본다면 '-오1'과 '-요'의 의미 기능이 동일한 것으로 볼 수 있는데, 이 두 형태에는 청자 대우의 정도나 [+친밀감]에서 다소의 차이가 있다. '-요'는 주로 격식체에서 쓰이는 '-오'보다 대우의 정도가 높을 뿐만 아니라 [+친밀감]의 정도도 더한다.

이것은 '-요'의 전신인 '-이오'의 '-이-'가 단순한 계사 '이-'가 아니라는 것을 의미한다. 이때의 '-이-'에도 상대 존대소 '-이-'의 의미 기능이 녹아 있다고 봐야 한다. 그래서 '-요'의 기원을 '이+이+오+이'로 보는 것이다.

중세 국어에서 '-이다'로 실현되던 상대 존대 형태소가 중부방언권에서는 '-유'의 형태로 쓰이고 있다. 이 '-유' 역시 '-요'와 마찬가지로 중세국어의 상대 존대 형태소인 '-이-'에서 변이된 형태이다. '-이오'에서 '-요'로 변이된 과정으로 미뤄볼 때 이 지역의 상대 존대 형태소 '-유'로 실현되기 전의 중간 형태가 있었다고 볼 수 있겠는데, 그것은 이 지역의 보편적인 형태로 실현되고 있는 '-오'의 이형태 '-우'라고 볼 수 있다. 따라서 '-유'의 뿌리는 '-이1우'라고 볼 수 있다. 이것이 발음의 편의에 의한 음운 축약에 의해 '-유'로 실현된 것이다. 그 결과 중부방언권에서는 '-요'와 '-유'가 혼용되고 있는 것이다.

동남방언권에서는 '-여'와 '-예', '-이다'로 실현되고 있다. '-여'는 '-이1+어'에서 축약에 의해 형성된 것이다. 그리고 '-예'는 '-여'에 [+친밀감]을 나타내는 운소 '-이'의 결합에 의해 만들어진 것이다. 즉 '-이1-+어+이'에 의해서 형성된 것이다. 이것은 '-예'가 다양한 대우 등급에 두루 결합할 수 있는 것으로 증명이 된다.

서남방언권에서는 '-(이)라우'와 '-요', '-이다' 등으로 실현된다. '-(이)라우'는 '-이+이+다우'에서 [ㅇ]의 음가 상실로 인해서 '-이-'의 의미 기능이 계사 '이-'로 녹아들어 '-이1다우'로 융합이 이뤄지고, 이것이 다시 발음의 편의로 인한 유음화를 겪어서 '-(이1)라우'로 변이된 것으로 본다. 그리고 경남방언권과의 접촉 지역에서는 중세 국어 형태인 '-이다'가 아직까지 실현되고 있다.

제주도방언권에서는 '-양'이라는 특이한 형태와 '-예'가 사용되고 있다.

# 4

# '-요'의 분포 실태

‘-요’의 실현 환경에 대한 전면적인 검토는 이상복(1976)에서 처음 이루어졌고, 그 후에 김정대(1983), 이정민·박성현(1991), 윤석민(1993)으로 이어진다. ‘-요’의 분포와 관련하여 이루어진 기존의 논의를 종합해 보면 ‘-요’가 결합할 수 있는 요소와 그렇지 않은 요소를 조사하여 ‘-요’가 붙을 수 있는 요소들을 품사별로 정리한다든지 아니면 문장 성분에 따라 정리하는 것이었다.

근대 국어에서는 문말에서 청자 존대의 기능과 의미를 담당하는 문법 범주로 실현되던 ‘-요’가 현대 국어로 오면서 문중에서 화자가 구어적 담화에서 선택하여 사용하는 화용상의 자질로 발달한 것으로 현대 국어에서 그 분포의 범위를 확대하여 사용하고 있는 실정이다[62].

일반적으로 ‘-요’의 실현 환경은 크게 세 개의 경우로 나누어 볼 수 있다. 첫째는 문말 어미에 결합되는 경우이다. 반말로 끝난 문말 어미에 결합하여 대우 체계를 형성하는 것과 상대 대우가 실현된 문말 어미에 결합하여 [+친밀감]을 나타내는 것이다. 즉 상대 대우 문말 어미가 생략된 반말체에 결합될 경우와 상대 대우 형태를 갖춘 문말 어미와 어절 단위에 결합되는 경우로 나눌 수 있다. 둘째는 담화 상황에서 문말 어미가 아닌 발화에 존대의 자질을 더하기 위하여 첨가되는 것이다. 마지막으로 문중에 수의적으로 출현하는 ‘-요’이다. 이 글에서는 이들 각 경우의 실현 상황에 대해서 알아 볼 것이다.

이 글 서두에서 각 지역 방언에서 사용하고 있는 ‘-요’계 방언 형태들의 특징을 밝히는 것을 목적으로 한다고 말한 바 있다. 지역 방언

---

62) 이정애(1998), 국어 화용표지의 연구, 전북대. p. 80. 참조.

의 특징은 음운, 어휘, 어법 등 여러 방면에서 나타나지만, 그 중에서 분포와 배합 그리고 음운적 특징이 두드러진 차이로 나타난다.

각 지역 방언에서 사용되고 있는 것 중 '-요'와 비슷한 문법적 기능을 나타내는 것은 약 열 개 정도 되지만 그것들은 또한 동일한 기능을 가지는 것이 아니다. 왜냐하면 앞 장에서 밝힌 바대로 엄격한 의미에서 '-요'와 기원을 같이하는 이형태는 동남방언의 '-예'와 '-여', 그리고 중부방언의 '-유', 서남방언의 '-(이)라우' 등이다. 따라서 이 글에서는 각 지역방언 중 사용되는 지역이 가장 넓은 대표 형태인 중부방언의 '-요'와 '-유', 그리고 동남방언의 '-예'와 서남방언의 '-(이)라우'와 함께 '-요'의 실현 양상을 살펴보도록 하겠다.

'-요'의 실현은 반말 형식의 문말 어미에 결합되어 상대 대우 체계를 형성하는 요소로 쓰이는 경우와 단순히 화용표지로 첨가되어 상대에 대한 예와 더불어 친밀감을 표현하는 경우가 있다. 이를 바탕으로 '-요'의 실현 의미를 알아보기로 한다.

반말체 문장이란 서법적 기능을 하는 형태가 없는 문장을 말한다. 이와 같이 상대 대우 형태가 없는 문말 어미에 결합된 '-요'는 문장 종결이라는 통사적인 기능과 [+존대]인 서법적인 의미 기능이라는 두 가지 특성을 가지고 있다. 이러한 '-요'의 실현 양상은 아래와 같다.

### 4.1.1 평서법 어미 뒤에

(1) '-아/어' 뒤에

'-아/어-'에는 모든 '-요'계 이형태들이 자유롭게 결합된다.

㉠ 밥 먹었어요.

㉡ 아까부터 저러케 먼 산만 바라보고 있어예.

㉢ 뜬금없이 비가 올랑갭이어라우.

㉣ 추워유.

(2) '-지' 뒤에

'-지' 다음 자리에는 거의 모든 형태들이 자유롭게 결합된다.

㉠ 지금쯤 도착했겠지요.

㉡ 글케싸서 집에 가뼀지예.

㉢ 요것이 툭사발이지라우.

㉣ 이거 먹지유.

(3) '-네' 뒤에

㉠ 비가 오네요.

ⓛ 비가 오네예.

ⓒ 비가 오네유.

ⓔ ?비가 오네라우.


(3-ⓐ~ⓒ)은 '-네-' 뒤에 '-요', '-예', '-유'의 결합이 가능하다는 것을 보이는 반면 (3-ⓔ)은 '-라우'의 결합이 다소 어색함을 보인다.


(4) '-데' 뒤에

ⓐ 순이가 밭에 가데요.

ⓛ 순이가 밭에 가데예.

ⓒ 순이가 밭에 가데유.

ⓔ *순이가 밭에 가데라우.


(4)는 '-데' 다음에 '-요'와 '-예', '-유'의 결합은 가능한데, '-라우'의 결합은 불가함을 보여준다.

지금까지 평서법 어미 '-아/어', '-지', '-네', '-데' 다음에서 '-요'와 '-예', '-유', '-(이)라우'의 실현 양상에 대해서 살펴보았다. 위 예는 상대 대우 형태가 없는 문말 어미에 '-요'나 '-요'계 방언 형태가 상대 대우 기능으로 사용됨을 보여준다. 이와 같이 상대 대우 형태가 없는 문말 어미에 '-요'가 결합되어 상대 대우를 나타냄은 '-요'가 근대 국어 이후 상대 대우 체계의 화계를 이루는 문말 어미 형태로 쓰임을 뜻한다.

## 4.1.2 의문법 어미 뒤에

(5) '-은고' 뒤에

    ㉠ 언제 오라 할꼬요?

    ㉡ 운제 오라 카꼬예?

    ㉢ 오라 할꼬유?

    ㉣ 오라 할꼬라우?


    (5)는 '-은고' 다음에 '-요'와 '-예'의 결합은 가능한데 '-유'와 '-라우'의 결합은 다소 어색함을 보여준다.


(6) '-은고' 뒤에

    ㉠ 그 일은 언제 하는고요?

    ㉡ 그 일은 운제 하는고예?

    ㉢ *일은 운제 하는고유?

    ㉣ ?일은 운제 하는고라우?


    (6)은 '-은고' 뒤에 '-요'와 '-예'의 결합은 가능하지만 '-유'의 결합은 불가능한 반면에 '-(이)라우'의 결합이 다소 어색함을 보이고 있다.


(7) '-가' 뒤에

    ㉠ 그 사람이 묵던가요?

    ㉡ 그 사람이 묵떵가예?

    ㉢ 그 사람이 묵던가유?

ㄹ *그 사람이 묵던가라우?

(7)은 '-가' 뒤에 '-요', '-예', '-유'의 결합이 가능한 반면에 '-(이)라우'의 결합이 불가능하다는 것을 나타내고 있다.


(8) '-해' 뒤에

   ㄱ 어디로 가야해요?

   ㄴ 어디로 가야해예?

   ㄷ 어디루 가야해유?

   ㄹ *어디로 가야해라우?


(8)은 '-해' 뒤에 '-요'와 '-예', '-유'는 결합이 가능하지만 '-(이)라우'는 결합이 불가능하다는 것을 보이고 있다.


(9) '-ㄴ데' 뒤에

   ㄱ 아까 온 사람이 누군데요?

   ㄴ 아까 온 사람이 누군데예?

   ㄷ 아까 온 사람이 누군데유?

   ㄹ *아까 온 사람이 누군데라우?


(9)는 '-ㄴ데' 뒤에 '-요', '-예', '-유'의 결합은 가능한데, '-(이)라우'의 결합은 불가능하다는 것을 보여 준다.

(10) '-나' 뒤에

    ㉠ 소가 쇠죽 잘 먹나요?

      순이는 밭을 잘 매나요?

    ㉡ 소가 쇠죽 잘 먹나예?

      순이는 밭을 잘 매나예?

    ㉢ 소가 쇠죽 잘 먹나유?

      순이는 밭을 잘 매나유?

    ㉣ *소가 쇠죽 잘 먹나라우?

      *순이는 밭을 잘 매나라우?


(10)은 의문법 어미 '-나' 뒤에 '-요', '-예', '-유'의 결합은 가능한데 '-라우'의 결합은 불가능하다는 것을 나타낸다.


(11) '-아/어', '-지', '-을까, '-서', '-을래' 뒤에

    ㉠ 언니가 동생보다 예뻐요?

      언니가 동생보다 예뻐예?

      언니가 동생보다 예뻐유?

      언니가 동생보다 예뻐라우?

    ㉡ 인제 그만 가지요?

      인자 고마 가지예?

      인자 고마 가지유?

      인자 고마 가지라우?

    ㉢ 집에 갈까요?

집에 갈까예?

집에 갈까유?

집에 갈까라우?

㉣ 댁의 딸이 스무살이나 먹었다면서요?

지비 딸이 스무살이나 무것담서예?

지비 딸이 스무살이나 무것담서유?

지비 딸이 스무살이나 무것담서라우?

㉤ 밥 먹을래요?

밥 무울래예?

밥 먹을래유?

*밥 무울래라우?


(11)은 '-아/어', '-지', '-을까', '-서' 뒤에서는 네 가지 형태의 실현이 다 가능하다는 것을 보여 준다. 다만 '-을래' 다음에서는 '-라우'의 실현은 불가능하고, 나머지는 가능하다는 것을 보여주고 있다.


### 4.1.3 명령법 어미 뒤에

(12) '-게' 뒤에

㉠ *이리 좀 오시게요.

㉡ *이리 좀 오시게예.

㉢ *이리 좀 오시게유.

㉣ 이리 좀 오시게라우.

(12)는 '-게' 뒤에 '-(이)라우'의 결합만 가능하고 나머지는 불가능하
다는 것을 보이고 있다. '-게'에 '-요'가 결합되지 않는 것은 '-게'에
청자 대우 형태 '-이-'가 녹아 있기 때문으로 보인다[63].

(13) '-아/어', '-지' 뒤에
    ㉠ 빨리 좀 가요.
      빨리 좀 가예.
      빨리 좀 가유.
      빨리 좀 가라우.
    ㉡ 인제 주무시지요.
      인자 주무시지예.
      인자 주무시지유.
      인자 주무시지라우.

(13)은 '-아/어', '-지' 뒤에서는 모든 형태의 결합이 다 가능하다는
것을 보여주고 있다.

### 4.1.4 감탄법 어미 뒤에

(14) '-데' 뒤에
    ㉠ 일을 참 잘 하데요.
      찬이 없어도 잘 잡수시데요.
    ㉡ 일을 참 잘 하데예.

---

63) 황병순(1995)에서 '-게'는 '-이-'의 축약이라 한 바 있다.

찬이 음서도 잘 잡수시데예.

ㄷ 일을 참 잘 하데유.

찬이 음서도 잘 잡수시데유.

ㄹ *일을 참 잘 하데라우.

*찬이 음서도 잘 잡수시데라우.


(14)는 감탄법 어미 '-데' 뒤에 '-라우'만 결합할 수 없고 나머지는 다 결합이 가능하다는 것을 보이고 있다.


(15) '-네' 뒤에

ㄱ 나이보다 정정하시네요.

일이 참 빨리 끝났네요.

ㄴ 나이카마 정정하시네예.

일이 참 빨리 끝났네예.

ㄷ 나이보다 정정하시네유.

일이 참 빨리 끝났네유.

ㄹ *나이보다 정정하시네라우.

*일이 참 빨리 끝났네라우.

(16) '-구만' 뒤에

ㄱ 흰 머리가 참말로 많구만요.

ㄴ 흰 머리가 참말로 많구만예.

ㄷ 흰 머리가 참말로 많구만유.

ㄹ *흰 머리가 참말로 많구만라우.

(15), (16)에서는 '-네'와 '-구만' 뒤에서 '-라우'만 결합할 수 없고 나머지 형태는 결합이 가능하다는 것을 나타내고 있다. '-만' 뒤에 '-라우'가 결합되지 않는 것은 '-라우'가 모음 뒤에 결합되는 특성을 지니고 있기 때문이다.

### 4.1.5 청유법 어미 뒤에

(17) '-지' 뒤에

    ㉠ 인제 그만 주무시지요.

      좀 더 드시지요.

    ㉡ 인자 고마 주무시지예.

      좀 더 드시지예.

    ㉢ 인자 고마 주무시지유.

      좀 더 드시지유.

    ㉣ 인자 고마 주무시지라우.

      좀 더 드시지라우.

(17)은 '-지' 뒤에서 '-요'와 '-예' 그리고 '-유'와 '-라우' 모두가 결합할 수 있다는 것을 나타내고 있다.

지금까지 반말체 형태의 문장에서의 '-요'의 결합 양상에 대해서 살펴보았다. 반말체 형태의 문장에 결합하는 '-요'의 기능은 상대를 대우하는 것으로 볼 수 있다. '-요'의 기능에 대한 것은 5.1장에서 상세하게 밝힐 것이다.

완성문을 이루는 문말 어미는 두 종류가 있다. 상대를 대우하는 형태를 갖춘 표현과 상대를 대우하는 형태를 갖추지 않은 표현으로 구분할 수 있다. 전자는 윗사람에게, 후자는 윗사람이 아닌 경우에 사용한다.

동남방언 '-예'의 두드러진 특징 중 하나는 완성문 형태의 문말 어미에 결합되는 것이다. 그 중에서도 특히 아주 높임의 서법 어미에 결합할 수 있다는 것이다. 그런데 '-요'와 '-유', '-(이)라우'64)는 결합이 불가능하다. 김정대(1983:155)에서는 '-요'가 표준어에서 아주 높임의 어미에 보편적으로 결합할 수 있다고 했지만, 아직 보편화됐다고 보기는 좀 이른 것 같다.


(18) ??소인이 했습니다요.
　　　??서방님 오십니다요.


이승재(1985:4)는 (18)과 같이 '-습니다'에 '-요'가 붙는 말은 노비 계층에 속하는 사람들이 상전에게 말할 때 사용하는 특수 계층어라고 하였다. 합쇼체에 '-요'가 결합된 형태 '합니다요, 합니까요, 합시다요' 등은 주로 신분제 사회에서 하위층의 사람들이 상위층의 사람

---

64) 김웅배(1998), 앞의 논문, p. 62.
　　전남방언에서의 '-(이)라우/우'는 반말투의 어형에만 붙기 때문에 대우의 등급이 이미 결정되어 버린 말에는 붙지 않는다.

들을 대상으로 높임을 드러낼 때 사용되었던 것으로 기존의 합쇼체
만으로는 높임이 부족하다는 생각에서 '-요'를 첨가했던 것으로 이해
된다. 그러므로 일반적인 언중이 사용하는 높임의 테두리 속에서 처
리하기보다 사회방언의 일종으로 보는 것이 옳을 것 같다[65]. 따라서
그것은 어디까지나 특수한 계층의 말법이라고 봐야 할 것 같다. 그리
고 그러한 말투가 아직은 어색한 것이 사실이기도 하다. 아주 높임을
나타내는 서법 어미 다음에 '-예'는 자연스럽게 결합이 가능한데 나
머지 형태는 결합이 아직은 자연스럽지 못하다는 것은 뭔가 기능상
의 차이점이 있다고 볼 수 있다. 이 부분에 대해서는 다음 장에서 상
세히 논하기로 하고 여기서는 그 실현 양상에 대해서 알아보도록 하
겠다.

### 4.2.1 평서법 어미 뒤에

(19) '-다' 뒤에

　　　문 : 엄마는 어디 갔느냐?

　　　㉠ *엄마는 자아 갔다요.

　　　㉡ 엄마는 장에 갔다예.

　　　㉢ *엄마는 장에 갔다유.

　　　㉣ *엄마는 장에 갔다라우.

　　　㉤ 아버지께서 오십니다이다.

　　　㉥ 지금 돌아 오십니다이다.

---

65) 권정림(1997), 국어 종결 보조사 연구, 동아대학교 석사논문. p. 39.

(19-문)의 질문에 답하는 상황에서 평서형 종결어미 '-다'에 '-예'는 드물게 결합되어 쓰이고[66] 나머지 '-요', '-유', '-라우'는 불가능함을 보이고 있다. (19-ⓜ, ⓗ)은 서남방언과 동남방언 일부 지역에서 사용되는 '-이다'의 결합이 가능하다는 것을 보여 주고 있다[67]. (19-ⓛ)에서 '-라우'의 결합이 불가능한 것은 '갔다+라우'에서 같은 'ㅏ'모음의 충돌을 피하기 위한 상황에서 비롯된 현상으로 보여진다. 이것은 서남방언에서 '-다/라' 다음에 '-우'가 '-라우'의 기능을 대신하는 것을 봐도 알 수 있다[68]. 그리고 '-다'는 문장을 종결하는 전형적인 형태이다. 다시 말해서 문장을 확실하게 끝맺은 상태에서 또 다른 형태를 첨가하기 어려운 상황 때문에 나타난 결과라고 본다. '-요'나 '-유'도

---

66) '-다' 다음에서의 '-예' 실현이 동남방언권 전 지역에서 이뤄지는 것은 아니고 이것이 진주시 대평면과 수곡면 그리고 진주시 등 일부 지역에서 쓰이고 있는 것이 확인되었다. 이것이 극히 일부 지역의 방언 현상이기는 하지만 아주 특이한 현상이기 때문에 언급한다.

67) 앞의 1장과 3장 참조.

68) 이기갑(1982:157)에서 '-라우'는 그 자체만으로 상대 높임의 등분을 확정짓지 못하는 표현들에 붙어서 각각에 '허씨요체'의 등분을 부여한다. 반면에 특정한 등분에 속하는 씨끝들에는 첨가되지 못한다. 다음의 예문이 이러한 사실을 말해 준다.

(1) a.*기양 가 불었다라우.
   b.*폴:쎄 가 불었냐라우?
   c.*얼릉 묵어라우.
(2) a.*기양 가 불었네라우.
   b.*폴:쎄 가 불었능가라우?
   c.*얼릉 묵소라우.
(3) a.*기양 가 부요라우.
   b.*폴:쎄 가 불었소라우.
   c.*얼릉 묵읍시다라우.

이러한 문장들이 비문이 되는 것은 '-라우'의 등분과 모순 충돌하거나(예문 (1)과 (2)의 경우), 중복되기 때문이다(예문 (3)의 경우).

같은 이유로 설명할 수 있겠다.


(20) ‘-십미더/습니다-’ 뒤에

　　㉠ ?제가 먼저 갑니다요.

　　　?제가 먼저 먹습니다요.

　　㉡ 제가 먼저 갑니더에.

　　　제가 먼저 묵습니더에.

　　㉢ ?제가 먼저 갑니다유.

　　　?제가 먼저 묵습니다유.

　　㉣ *제가 먼저 갑니다라우.

　　　*제가 먼저 묵습니다라우.


(20)은 아주 높임의 평서법 어미 ‘-습니다’ 다음에 ‘-예’는 결합이 가능하지만, ‘-라우’는 결합할 수 없음을 보여주고, ‘-요’와 ‘-유’는 결합이 다소 어색함을 보여준다. 이것은 ‘-예’와 나머지 방언 형태간에 의미 기능면에서 다소 차이가 있다는 것을 시사해준다. 이 문제에 대해서는 다음 장에서 상세히 살펴볼 것이다.


### 4.2.2 의문법 어미 뒤에

(21) ‘-(습/십)니(까/꺼)’ 뒤에

　　㉠ ?집에 갈겁니까요.

　　　?제가 먼저 먹어도 됩니까요.

　　㉡ 집에 갇낌니꺼에.

제가 먼저 무도 됩니꺼예.

ⓒ *갈겁니까유.

　　*제가 먼저 무도 됩니까유.

ⓔ *갈겁니까라우.

　　*제가 먼저 무도 됩니까라우.


(21)은 '-(습/십)니(까/꺼)' 뒤에 '-예'는 결합이 가능하지만 '-유'와 '-라우'는 결합할 수 없고, '-요'는 결합이 다소 어색함을 보여준다.

### 4.2.3 명령법 어미 뒤에

(22) '-라' 뒤에

ⓐ *밥 먹어라요.

ⓑ 밥 먹어라예.

ⓒ *밥 먹어라유.

ⓔ *밥 먹어라라우.


(22)는 평서법 어미 '-다'와 마찬가지로 명령법 어미 '-라' 다음에서도 동남방언 '-예'만 드물게 결합되어 쓰이고, 나머지는 불가능하다는 것을 보여 준다.


(23) '-이소' 뒤에

ⓐ *얼렁 가이소요.

　　*빨리 좀 하이소요.

ⓛ 얼렁 가이소예.

빨리 좀 하이소예.

ⓒ *얼렁 좀 가이소유.

*빨리 좀 하이소유.

ⓡ *얼렁 좀 가이소라우.

*빨리 좀 하이소라우.


(23)은 명령법 아주 높임을 나타내는 '-이소' 다음에서 '-예'는 결
합이 가능하고 나머지는 불가능하다는 것을 나타내고 있다[69]. '-예'
의 결합은 가능한데 나머지 형태의 결합이 불가능한 것은 이 형태들
이 가지고 있는 높임의 등급을 나타내는 기능에 어느 정도의 차이가
있기 때문이다[70]. '-예'가 '-이소'에 결합할 수 있는 조건은 '-이소'의
'-이-'가 상대 존대소 '-이-'가 녹아있는 것으로서 높임을 나타내는
것이기 때문이다. 그런데 '-예'는 '-소' 다음에는 결합할 수 없다.


(24) *빨리 가소예.

*빨리 오소예.

*들어 오소예.


---

69) 화자의 의식 속에 '-소'와 '-오'가 형태적으로 반복된다고 여기기 때문에 불가
   능한 것이 아닌가 싶다.
70) 조일규(1985), 경남 삼천포 지역어의 {요}계 토씨 연구, 국어국문 논문집 제6
   집, 동아대학교 국어국문학과. p. 298.
   서술형, 물음형, 시킴형의 씨끝이 예사 높임이면 토씨 {다}, {요}로서 '힘 줌'
   을 나타내고 아주 높임이면 토씨 {예}로서 '힘 줌'을 나타낸다.

(24)가 비문이 된 것은 예사 높임의 '-소'에 아주 높임의 '-예'가 결합하여 높임의 등분을 확정, 구분짓지 못하고 있기 때문이다.

### 4.2.4 청유법 어미 뒤에

(25) '-입시다/더' 뒤에

　　㉠ ?할머니 이리 가입시다요.

　　　?이리 와서 여기 앉읍시다요.

　　㉡ 할머니 이리 가입시더예.

　　　일로 와서 여어 안지입시더예.

　　㉢ ?할머니 이리 가입시다유.

　　　?일로 와서 여어 안지입시다유.

　　㉣ *할머니 이리 가입시다라우.

　　　*일로 와서 여어 안지입시다라우.


(25)에서는 아주 높임의 청유법 어미 다음에 '-예'의 결합만 가능하고, '-라우'는 결합할 수 없고 '-요'와 '-유'는 결합이 다소 어색함을 보여준다.


(26) '-자' 뒤

　　㉠ *인제 집에 가자요.

　　　*누워 자자요.

　　㉡ 인자 집에 가자예.

　　　누우 자자예.

ⓒ *인자 집에 가자유.

　　*누우 자자유.

ⓓ *인자 집에 자자라우.

　　*누우 자자라우.


(26)은 청유법 어미 '-자' 뒤에 '-예'만 결합할 수 있고 나머지 형태는 결합할 수 없다는 것을 나타내고 있다. '-요/유/예'에 청자 대우 기능이 다소 남아 있기 때문에 아래 사람에게 표현하는 어미 뒤에 결합되면 어색해진다. 그럼에도 이런 표현에 쓰임은 '-예'가 화용 기능으로 사용됨을 뜻한다.


### 4.2.5 감탄법 어미 뒤에

(27) '-라' 뒤에

ⓐ *아이구 좋아라요.

　　*아이구 추워라요.

ⓑ 아이구 좋아라예.

　　아이구 추버라예.

ⓒ *아이구 좋아라유.

　　*아이구 추버라유.

ⓓ *아이구 좋아라라우.

　　*아이구 추버라라우.


(27)은 감탄법 어미 '-라' 뒤에서 명령법 어미에서와 마찬가지로

'-예'의 결합만 가능하고 나머지는 불가능하다는 것을 나타내고 있다.

4.2장에서는 중앙어의 '-요'와 동남방언 '-예' 간에 차이가 있음을 보이고 있다. 이는 '-요'가 상대 대우 체계를 형성하는 말로 쓰이는 중앙어에서는 완성문의 문말에 불필요하게 되고, 상대적으로 상대 대우 체계 형성 기능이 약한 동남방언에서는 '-예'가 담화 요소로서 쓰이기 때문이다. 즉 상대에 대한 친밀감을 나타내는 요소로 쓰이는 것이다. 이 때의 '-요'는 수사적 첨사일 뿐 상대 존대소는 아니다(김정대 1983:157). 첨사적 기능을 지닌 '-요'가 방언에서 청자 대우 형태가 있는 문말에서도 결합되나 중앙어에서 청자 대우 기능으로 쓰이는 '-요'는 청자 대우 형태를 갖춘 문말 어미 뒤에 결합되면 어색해진다[71].

지금까지 논의된 '-요'와, '-요'의 방언 형태의 반말체 형태 뒤에서와 완성문 형태 뒤에서의 분포 양상을 도표로 보이면 다음과 같다.

---

71) ?갔습니다요. ?갔습니까요.

| 분포위치 | 문말＼서법 | 평서법 | | | | 의문법 | | | | 명령법 | | | | 감탄법 | | | | 청유법 | | | |
|---|---|---|---|---|---|---|---|---|---|---|---|---|---|---|---|---|---|---|---|---|---|
|  |  | 요 | 예 | 유 | 라우 | 요 | 예 | 유 | 라우 | 요 | 예 | 유 | 라우 | 요 | 예 | 유 | 라우 | 요 | 예 | 유 | 라우 |
| 상없는 대는 대문우말표어현미이뒤 | -아/어 | ○ | ○ | ○ | ○ | ○ | ○ | ○ | ○ | ○ | ○ | ○ | ○ |  |  |  |  |  |  |  |  |
|  | -지 | ○ | ○ | ○ | ○ | ○ | ○ | ○ | ○ | ○ | ○ | ○ | ○ |  |  |  |  | ○ | ○ | ○ | ○ |
|  | -네 | ○ | ○ | ○ | △ |  |  |  |  |  |  |  |  | ○ | ○ | ○ | × |  |  |  |  |
|  | -데/ㄴ데 | ○ | ○ | ○ | × | ○ | ○ | ○ | × |  |  |  |  | ○ | ○ | ○ | × |  |  |  |  |
|  | -은고 |  |  |  |  | ○ | ○ | △ | △ |  |  |  |  |  |  |  |  |  |  |  |  |
|  | -은고 |  |  |  |  | ○ | ○ | × | △ |  |  |  |  |  |  |  |  |  |  |  |  |
|  | -가 |  |  |  |  | ○ | ○ | ○ | × |  |  |  |  |  |  |  |  |  |  |  |  |
|  | -해 |  |  |  |  | ○ | ○ | ○ | × |  |  |  |  |  |  |  |  |  |  |  |  |
|  | -나 |  |  |  |  | ○ | ○ | ○ | × |  |  |  |  |  |  |  |  |  |  |  |  |
|  | -을까 |  |  |  |  | ○ | ○ | ○ | ○ |  |  |  |  |  |  |  |  |  |  |  |  |
|  | -서 |  |  |  |  | ○ | ○ | ○ | ○ |  |  |  |  |  |  |  |  |  |  |  |  |
|  | -을래 |  |  |  |  | ○ | ○ | ○ | × |  |  |  |  |  |  |  |  |  |  |  |  |
|  | -게 |  |  |  |  |  |  |  |  | × | × | × | ○ |  |  |  |  |  |  |  |  |
|  | -구만 |  |  |  |  |  |  |  |  |  |  |  |  | ○ | ○ | ○ | × |  |  |  |  |
| 상있는 대는 대문우말표어현미이뒤 | -다 | × | ○ | × | × |  |  |  |  |  |  |  |  |  |  |  |  |  |  |  |  |
|  | -십니더/다 | △ | ○ | △ | × |  |  |  |  |  |  |  |  |  |  |  |  |  |  |  |  |
|  | -습니까/꺼 |  |  |  |  | △ | ○ | × | × |  |  |  |  |  |  |  |  |  |  |  |  |
|  | -라 |  |  |  |  |  |  |  |  | × | ○ | × | × | × | ○ | × | × |  |  |  |  |
|  | -이소 |  |  |  |  |  |  |  |  | × | ○ | × | × |  |  |  |  |  |  |  |  |
|  | -입시다/더 |  |  |  |  |  |  |  |  |  |  |  |  |  |  |  |  | △ | ○ | △ | × |
|  | -자 |  |  |  |  |  |  |  |  |  |  |  |  |  |  |  |  | × | ○ | × | × |

실제 담화 상황에서는 문어적인 자료와는 달리 청자의 이해에 지장이 없는 테두리 속에서, 화자가 판단한 중요 성분만으로 문장이 이루어지는 경우가 종종 있다. 이는 통사상 문장의 형태를 바꾼 것으로 이도 역시 하나의 문장으로서 역할을 하는 것이기 때문에 이러한 문장 뒤에서도 '-요'는 자유롭게 이어진다. 이때의 '-요'는 담화 상황에서 종결어미가 아닌 발화에 존대의 자질을 더하기 위해 첨가되는 것으로 '-요' 앞의 성분으로 분류하여 분포 상황을 살펴보도록 하겠다.

### 4.3.1 단어 뒤에

(28) 명사 뒤에

　　문 : 지금 어디 가니?

　　　　진주요/예/유/라우.

　　문 : 너 점심 뭐 먹었니?

　　　　밥요/예/유/라우.

(29) 부사 뒤에

　　문 : 이 일을 빨리 할까? 천천히 할까?

　　　　천천히요/예/유/라우.

　　문 : 너 이거 많이 먹을래 조금만 먹을래?

　　　　많이요/예/유/라우.

## 4.3.2 구 뒤에

(30) 명사 + 조사 다음에

　　문 : 니 오늘 어디서 공부할거냐?

　　　학교에서요/예/유/라우.

　　문 : 밥은 어디서 먹을래?

　　　식당에서요/예/유/라우.

　　문 : 누가 공부를 제일 잘 하느냐?

　　　영숙이요/예/유/라우.

　　문 : 누가 이 일을 했느냐?

　　　철수가요/예/유/라우.

(31) 부사 + 조사 다음에

　　문 : 얼마나 줄까?

　　　조금만요/예/유/라우.

　　문 : 이 돈 지금줄까?

　　　나중에요/예/유/라우.


　지금까지 도막말에 결합하는 '-요'의 분포 특성을 단어와 구 등으로 나누어 살펴보았다. 여기서 드러난 공통 특성은 분리성을 지닌 발화 단위에 자유롭게 분포한다는 사실이다[72]. 이때의 '-요'의 기능은 반말체 형태의 문말 어미에 결합하는 '-요'와 같이 상대를 대우해주는 기능을 한다.

---

72) 분리성이 없는 관형어에는 '-요'가 결합되지 않는다.

### 4.3.3 부름말 뒤에

문중의 '-요'와 형태적 특성이 유사한 '-요'에는 부름말에 쓰이는 '-요'가 있다.

(32) ㉠ 형님요(예/유), 어디 갑니까?

　　　아버지요(예/유), 오늘 뭐하실 겁니까?

　　㉡ 철수야, 어디 가니?

　　　영수야, 놀자.


(32-㉠)의 '-요'는 (32-㉡)의 호격조사 '-야'에 대응하는 것으로 사용되었다. 친구 사이에서는 '-야'로 사용할 자리에 상대를 대접해줘야 할 상황이기 때문에 '-요'를 사용한 것이다.


(33) ㉠ 딸아, 안심하라 네 믿음이 너를 구원하였다.

　　　베드로야, 너는 어떻게 생각하느냐?

　　　아들아, 기운을 내라.

　　㉡ 주여, 구원하소서 우리가 죽겠나이다.

　　　아버지여, 만일 할 만하시거든 이 잔을 내게서 지나가게 하옵소서.[73]


위 예는 호격조사 '-(이)여'는 '-아/-야'보다는 높다는 것을 보여 준다[74].

---

73) 전단열(1999:28~30)에서 재인용.

지금까지의 논의 결과를 보면 '-예'의 분포 범위가 가장 넓은 것을 확인할 수 있다. '-예'의 분포 범위가 이렇게 넓은 것은 앞에서 '-예'의 변이 과정에서 밝혀진 것처럼 '-이'라고 하는 [+친밀감]을 나타내는 운소적 자질이 결합됨으로써 '-예'에도 역시 [+친밀감]의 의미 기능이 작용한 결과가 아닌가 싶다.

---

74) 전단열(1999:28~29)에서는 호격조사 '-(이)여'는 '-아/-야'보다는 높고, '-(이)시여'보다는 상대방을 낮추어 부르거나 감탄을 나타내는데 사용된다고 하였다.

## **4.4** 문중에 실현되는 경우

　중부방언의 '-요'와 동남방언의 '-예'를 제외한 나머지 방언권의 '-유'와 '-라우'의 경우에 문말에서의 사용 예와는 달리 문중에서의 사용 예에 대한 실제 발화 자료를 구하는 데는 한계가 있다. 앞에서 밝힌 구비문학대계에 나타난 예는 전부 문말 자료밖에 없기 때문이다. 필자의 직관에 의할 것 같으면 '-요'와 '-예'의 문중에서의 쓰임은 거의 동일한 것으로 보인다. 그리고 서남방언 '-(이)라우'의 경우도 거의 동일한 것으로 보인다.

　범주라는 용어는 형태소나 낱말 따위를 일정한 기준에 따라 갈라 놓은 무리를 가리킨다. 문법 기술에서는 숱한 낱말이나 형태소들을 낱낱이 다루지 않고 비슷한 성격을 가진 것들끼리 한데 묶어 가르고 또 그것들을 필요에 따라 더 크고 작은 범주로 분류하여 다룬다. 어떤 형태들이 하나의 형태로 묶여질 수 있다는 것은 그 형태들이 문장 속에서 가지는 기능이 동일하거나 적어도 유사하다는 것을 의미한다. '-요', '-예', '-유', '-(이)라우'의 가장 큰 공통적인 특징은 앞 장에서 살펴본 것처럼 문말에 결합된다는 분포상의 공통점이다. 그리고 3장에서 살펴본 것처럼 상대 존대소인 '-이-'를 기원으로 하는 공통점이 있다는 것으로 봐서 기능면에서도 동일한 역할을 수행한다고 볼 수 있다. 분포상의 공통점과 기능면의 공통점으로 미뤄봐서 이들은 동일한 범주로 묶여지기에 충분한 조건이 된다고 볼 수 있다. 따라서 이 장에서 다루게 될 문중에서의 용법은 이들을 동일한 범주의 형태로 보고 이들 이형태들의 대표 형태라고 할 수 있는 '-요'를 가지고 살펴보도록 하겠다.

'-요'의 분포와 관련하여 이루어진 기존의 논의를 종합해 보면, '-요'가 결합할 수 있는 요소와 그렇지 않은 요소를 조사하여 '-요'가 결합할 수 있는 요소들을 품사별로 정리한 것과 '-요'가 어느 위치에서 우선적으로 출현할 수 있는가 하는 분포상의 우선 순위에 대해 연구한 것, 그리고 문장 성분별로 정리한 것 등이 있다.

먼저 '-요'와 결합할 수 있는 요소들을 품사별로 정리한 것으로는 이상복(1976)을 들 수 있다. 여기에서는 '-요'가 명사, 명사+조사, 부사, 연결접미사, 종결접미사와 결합할 수 있다고 밝히고 있다.


(34) ㉠ 무슨 담배 드릴까요? - 한산도요. (명사)

　　　㉡ 누가요? 일본하고요? (명사+조사+요)

　　　㉢ 빨리요. 어서요. (부사+요)

　　　㉣ 잠깐만요. 자주는요. (부사+조사+요)

　　　㉤ 낮에는 일하면서요. 책 좀 사느라고요. (연결접미사)[75]


그러나 이상복(1976)에서는 문말에서의 '-요'와 달리 문중에서의 '-요'의 쓰임이 담화 상황과 밀접한 관계를 맺고 있다는 사실을 고려하지 않고 너무 형태론적인 관점으로만 기술하고 있다.

이와는 달리 윤석민(1993)에서는 '-요'가 문장 속의 분포 우선 순위에 대해 연구하였다. 윤석민(1993)에 따르면 '-요'가 문장에 결합이 가능하다 하더라도 실제로 결합되어 나타나는 경우가 다르므로, 실제

---

75) 이상복(1976:213∼216)에서 재인용.

실현된 문장 속에서 '-요'와 결합될 수 있는 요소가 어느 것인가의 여부와 함께 결합 가능한 여러 개의 요소들이 문장에 출현할 경우 어느 요소에 '-요가 우선적으로 첨가될 가능성이 있는 것인지를 살펴볼 필요성이 있다고 했다. 윤석민(1993)에서는 우선 순위를 분리성의 정도로 결정하고 분리성이 큰 자리에 '-요'가 우선적으로 결합될 수 있다고 하였다. 그러나 실제 담화 상황에서 분리성으로 실현되는 화자의 담화 계획은 어디까지나 화자의 담화 의지에 의해서 결정되는 것이지 결합의 우선 순위에 의해서 결정되는 것은 아닐 것이다.

(35) ㉠ 춘향이는요 얼굴이 예뻐요.
     ㉡ ?춘향이는 얼굴이요 예뻐요.

(35-㉡)의 예와 같이 주제어에 '-요가 결합되지 않고 주어에만 결합된 경우는 주제어에 '-요'가 결합된 (35-㉠)보다 부자연스럽다고 했는데, (35-㉡)의 경우에 화자가 춘향의 얼굴을 초점화하여 특별히 강조하고자 할 경우에는 얼마든지 가능하다. 윤석민(1993)에서는 문말에 '-요'가 더 우선적으로 결합된다고 하였다.

(36) ㉠ 얼굴이 예뻐요.
     ㉡ *얼굴이요 예쁘다(예쁘냐? 예뻐라 등)

(36-㉠)은 문말에 '-요'가 결합되어 자연스러운 모습을 보이나 (36-㉡)은 문말 위치에 '-요'가 결합되지 않고 문장 속의 요소에만 결합되

어 비문이 된다고 했다. 그러나 이 경우에 있어서 문말에는 '-요'가
결합되지 않고 문중에서만 '-요'가 결합되었기 때문에 비문이 된 것
이 아니라, 문중의 '-요'와 문말의 '-다' 사이에 높임의 등급에 충돌이
일어나기 때문에 비문이 된 것이다. 높임의 등급을 조정한 아래 예문
이 적법한 것은 이를 뒷받침한다.

(37) 얼굴이요 예쁩니다.

그리고 문중의 위치에서는 우선 절을 연결하는 위치(연결어미 뒤)
가 그 밖의 위치보다 분리성이 크다고 할 수 있다고 하면서 분리성이
적은 곳에 '-요'가 결합된 아래 (38-ⓛ)을 비문이라고 하였다.

(38) ㉠ 얼굴이 예쁘고요 교양이 있어요.
     ㉡ ?얼굴이요 예쁘고 교양이요 있어요.
     ㉢ ??얼굴이 예쁘고요 교양이요 있어요.

이 경우도 물론 연결어미 뒤에 '-요'가 결합된 것보다는 좀 덜 자연
스러운 것은 사실이지만 비문이라고까지는 할 수 없다. 얼굴이 예쁘
고 교양이 있다는 것을 강조하고자 하는 화자의 의지가 작용했다면
(38-㉢)보다는 오히려 덜 어색해 보인다.

문중에서의 '-요' 결합에 있어서 비문 여부는 우선 순위를 어긴 것
으로 판단해서는 안 된다고 본다. 왜냐하면 그 우선 순위는 화자의
존대 의지에 따라 결정되는 것이기 때문이다. 비문 여부는 우선 순위

뿐 아니라 결합 가능성 여부에 의해서 결정되는 것이다.

(39) 누구 책이지? - *저희 아버님의요. (명사+관형격조사+요)

‘-요’가 결합할 수 있는 자리는 어느 정도의 분리성이 있는 곳이라야 한다. 그런데 (39)의 관형격 조사는 문장 속에서 관형어의 역할을 하는 것으로 그 뒤에 필수적으로 체언을 요구하는 것이기 때문에 체언 없이는 독자적으로 기능을 하지 못한다. 즉 앞뒤 성분간의 밀접한 결합력으로 인해 분리성이 없는 자리에 ‘-요’가 결합되었기 때문에 비문이 된 것이다.

문장 속에서 ‘-요’의 결합 여부는 어디까지나 화자의 상대 존대 의지에 의해서 결정되는 것이지 결합의 우선 순위에 의해서 결정되는 것은 아니다. 결합의 우선 순위는 추상적인 화자의 존대 의지와 관련되어 있기 때문에 일반화시킬 수가 없다.

이정민·박성현(1991)에서는 문장 속에서 ‘-요’가 결합하는 형태의 기능에 초점을 맞춰 ‘-요’의 분포 특징을 기술하였다. 여기에서는 ‘-요’가 구(句) 성분76) 뒤에 분포된다고 하면서 문중에 ‘-요’가 첨가 될 때에는 워낙 수의적인 분포를 보이기 때문에 매우 불규칙한 모습을 보인다고 했다. 그러나 불규칙해 보이는 언어 현상을 대상으로 어떤 규칙과 원리를 찾는 것이 국어 문법이 추구해야 할 일이라고 생각한다.

지금까지 살펴본 문중에서의 ‘-요’의 분포에 관한 연구들은 어디까지나 ‘-요’의 분포 특성을 형태론적인 측면에서 설명하고 있다. 어떤

---

76) 문장 성분별로 주어, 목적어, 부사적 수식어, 담화연결어, 화제, 서술어 등에 결합한다고 하였다.

요소의 문장에서의 분포는 형태적인 특징보다는 그것의 문법적인 기능에 의해서 살펴보는 것이 더 합리적이라고 생각한다. 왜냐하면 어떤 문장 요소가 담당하는 문법적인 기능과 출현할 수 있는 자리는 밀접한 관련성을 가지고 있기 때문이다. '-요'의 문장 내에서의 주된 역할은 화용적 기능을 담당하는 것이라고 할 수 있다.

   (40) ㄱ 손님이요 오셨어요.

       ㄴ 손님요 오셨어요.

   (41) ㄱ 제가 오늘 그 사람을요 좀 만나야겠어요.

       ㄴ 제가 오늘 그 사람요 좀 만나야겠어요.

   (42) ㄱ 어떤 여자가요 저한테 길을 물었어요.

       ㄴ *어떤 여자요 저한테 길을 물었어요.[77]


(40-ㄴ)과 (41-ㄴ)이 문법적인 문장인데 반해서 (42-ㄴ)은 비문이다. (40-ㄴ)과 (41-ㄴ)은 격조사를 생략할 수 있는 문장이기 때문에 정문이 된 반면에, (42-ㄴ)이 비문인 이유는 격조사를 생략할 수 없는 문장이기 때문이다. 바로 문법적인 기능을 담당할 문법소가 와야할 자리에 아무런 문법적인 기능을 담당할 수 없는 '-요'가 결합되었기 때문이다.

   따라서 문장 속의 성분에 나타나는 '-요'는 문장의 필수 요소가 아니라 담화적 기능을 나타내는 부수적인 요소[78]이므로 통사적인 기능이 확정된 자리에 나타날 수 있다. 예를 들면 격조사 다음, 그리고 화제(Topic)와 초점과 관계된 물음에 대한 답을 할 경우에 나타날 수 있다.

---

77) 문중에서의 '-요'의 분포를 설명하기 위해 사용한 예문들은 주로 이정민·박성현(1991)의 것을 재인용한 것임.

78) 이 부분에 대해서는 다음 장 '-요'의 기능에서 상세히 설명할 것이다.

(43) ㉠ 어떤 꼬마가요 저한테 돌맹이 쪼그만 걸 막 던졌거든요.

㉠′ *어떤 꼬마요 저한테 돌맹이 쪼그만 걸 막 던졌거든요.

㉡ 선생님이요 옆에 있는 짝꿍한테요 저기 무슨 문제를 질문했는데요.

㉡′ *선생님요 옆에 있는 짝꿍한테요 저기 무슨 문제를 질문했는데요.

(43-㉠, ㉡)은 주격조사 다음에 '-요'가 결합된 것으로 문법적인 문장인데 (43-㉠′, ㉡′)는 주격조사 대신에 '-요'가 결합될 경우 비문이 된다는 것을 보여 준다. 따라서 '-요'는 주격조사 다음에는 자유롭게 나타날 수 있다.

(44) ㉠ 제 방 유리창을요 학교에서 발휘한 솜씨로요 한 번 닦아 봤는데요 근데 저는요 그 친구를요 감싸주면서요 친하게 지냈어요.

㉠′ *제 방 유리창요 학교에서 발휘한 솜씨로요 한 번 닦아 봤는데요 근데 저는요 그 친구요 감싸주면서요 친하게 지냈어요.

㉡ 할머니가 춥지 그러면서요 제 발을요 손으로 이렇게 문질 주시면서요…

㉡′ *할머니가 춥지 그러면서요 제 발요 손으로 이렇게 문질 러주시면서요…

(44-㉠, ㉡)은 목적격 조사 다음에 결합된 것으로 문법적인 문장인데, (44-㉠´, ㉡´)는 목적격 조사 자리에 '-요'가 결합된 것으로 비문이다. 따라서 '-요'는 목적격 조사 다음에 자유롭게 나타날 수 있다.

(45) ㉠ 우리 반에요 책상이 고장나거나요 못이 빠지거나 의자가
        약간 삐뚤어졌을때요.
    ㉠´ *우리 반요 책상이 고장나거나요 못이 빠지거나 의자가
        약간 삐뚤어졌을때요.
    ㉡ 그래서 제가 옆에 있는 애들에게요 잘 말해줘서 걔네들이
        화해를 했어요.
    ㉡´ *그래서 제가 옆에 있는 애들요 잘 말해줘서 걔네들이 화
        해를 했어요.

(45-㉠, ㉡)은 부사격 조사 다음에 결합된 것으로 문법적인 문장인데, (45-㉠´, ㉡´)는 부사격 조사 자리에 '-요'가 결합된 것으로 비문이다. 따라서 '-요'는 부사격 조사 다음에 자유롭게 나타날 수 있다.

(46) ㉠ 집에 와서요 아무 말도 안 하고요 먼 산만 바라보고 있다가
        요 그냥 가 버렸어요.
    ㉠´ *집에 와요 아무 말도 안 하요 먼 산만 바라보고 있다가요
        그냥 가 버렸어요.
    ㉡ 그래서요 앞으로는 저의 임무니까요 좀 열심히 해야되겠어요
    ㉡´ *그래요 앞으로는 저의 임무요 좀 열심히 해야되겠어요.

(46-㉠, ㉡)은 연결어미 '-서'와 '-고' 그리고 '-니까' 다음에 '-요'가 결합된 것으로 문법적인 문장인데, (46-㉠′, ㉡′)는 연결어미 자리에 '-요'가 결합된 것으로 비문이다. 따라서 '-요'는 연결어미 다음에 결합할 수 있다.

(47) 이 떡은요 불에 구워야 제 맛이 나요.

(47)은 화제에 결합된 '-요'로서 통사적 기능에 관계없이 온전한 명사구로서 조사가 붙어 있는 경우에 결합될 수 있다. 왜냐하면 문법적인 기능은 앞의 조사가 담당하고 있기 때문이다.

(48) ㉠ 우리 학교에서도요 소풍을 간대요.
     ㉡ 철수는 노는 것도 좋아하지만요 공부도요 열심히 해요.

(48)은 보조사 '-도'와 '-만' 다음에 '-요'가 결합할 수 있다는 것을 보인다.

　지금까지 살펴본 바를 종합해보면 '-요'는 주로 조사와 연결어미 다음 자리에 자유롭게 분포한다는 사실을 확인할 수 있었다. 이것은 바로 '-요'가 통사적인 기능이 확정된 자리에 분포한다는 것을 의미한다. 그렇다면 '-요'는 조사와 연결어미 다음에만 결합이 가능한 것인가?

(49) 문 : 넌 뭘 제일 좋아하니?

　　　답 : 운동요./오락요. (운동을요./오락을요.)

(50) 문 : 넌 어디서 공부하니?

　　　답 : 학교요./도서관요. (학교에서요./도서관에서요.)


　(49), (50)에서와 같이 체언에 직접 결합할 수도 있다. 다만 이 때의 문법 관계는 물음에 이미 나타나 있기 때문에 굳이 대답에서 문법적인 조사를 사용할 필요가 없는 경우라 할 수 있다.

　그 다음 '-요'는 문장 성립에 필수 요소가 아니므로 문장의 앞 성분과 뒤 성분 사이에 어느 정도의 분리성(break)이 있는 자리에 결합된다79). 앞뒤 성분 사이에 결합력이 높은 자리에는 나타날 수 없는 것이다.


(51) *그 예쁘던요 얼굴이 엉망이 됐지 뭐예요.

　　*새요 모자가요 참 멋있네요.

　　*그 남자가 기다리던요 여자가 왔어요.

　　*이제 막 어제부터 하던요 일을 끝냈어요.


　(51)의 예들은 관형어 뒤에 '-요'가 결합될 경우에 비문이 된다는 것을 보여준다. 문장 속에서 관형어는 그 뒤에 필수적으로 체언을 요구하는 것으로 체언이 없이는 독자적인 기능을 하지 못한다. 말하자면 앞뒤 성분 사이에 결합력이 아주 높다고 할 수 있다. 이와 같이 앞뒤 성분 사이에 결합력이 높아 분리성이 없는 자리에는 '-요'가 결합

---

79) 김정대(1983:131)에서 '-요'는 다소의 휴지(休止)만 동반된다면 자연스레 쓰일 수 있다고 했다.

될 수 없다는 것을 의미한다.

(52) ㉠ *그 사람 아직 밥을 먹고요 있어요.

  ㉠´ ?그 사람 아직 밥을 먹고는요 있어요.

  ㉡ *언니가 사요 줬어요.

  ㉡´ ?언니가 사는요 줬어요.

  ㉢ *이리 한번 와요 보세요.

  ㉢´ ?이리 한번 와는요 보세요.

  ㉣ *영수가 가요 버렸어요.

  ㉣´*영수가 가는요 버렸어요.

  ㉤ *이제 그만 가야요 돼요.

  ㉤´*이제 그만 가야는요 돼요.

  ㉥ *철수가 그걸 먹어요 치웠어요.

  ㉥´*철수가 그걸 먹어는요 치웠어요.

(52)의 예는 본동사와 보조동사 사이에 '-요'가 결합될 수 없다는 것을 보여준다. 이 경우도 두 성분 사이의 결합력이 너무 높아 분리성이 없기 때문에 결합할 수 없는 것이다. 그나마 (52-㉠´~㉢´)에서 어느 정도의 결합 가능성을 보인 것은 앞의 조사로 인해서 어느 정도의 분리성을 확보했기 때문으로 보여진다.

(53) ??그 사람이 사장이요 되었어요.

  ??그것은 그 사람 잘못이요 아니예요.

??날지 못하는 것은 새가요 아니예요.

??그 예쁘던 얼굴이 주름살 투성이가요 되었더라구요.

(53)은 '되다/아니다' 앞에 조사 '이/가'에 의해서 형성되는 보어 관계를 형성하는 자리에 '-요'가 왔을 때 통사상 문제를 일으키는 것은 아니지만 '-요'가 결합되지 않았을 때와 비교해 볼 때 매우 어색하다. 이 경우 역시 앞뒤 성분 사이에 분리성이 확보되지 않은 상태에 결합되었기 때문에 일어나는 결과로 볼 수 있다.

지금까지 문중에서의 '-요'의 분포에 대해서 알아보았다. 그 결과는 다음과 같이 정리할 수 있겠다. '-요'는 통사적인 기능이 확정된 자리에 분포한다. 즉 문법적인 기능을 담당하는 조사 다음에 주로 결합한다. 그리고 어느 정도의 분리성이 확보된 자리에 결합한다. '-요'가 조사 다음 자리에 자유롭게 결합하는 것은 앞 성분에 조사가 결합됨으로 인해서 하나의 구를 형성하게 되어 다음 성분과의 사이에 어느 정도의 분리성이 생겼기 때문이라고 할 수 있다. 따라서 문장 성분 중 구(句) 다음에 주로 자유롭게 결합할 수 있다. 결합력이 높은 관형어와 체언 사이나 본동사와 보조동사, 그리고 보어 관계를 형성하는 자리에는 분포할 수가 없다.

　‘-요’의 용법에 관한 내용을 정리하면 다음과 같다. ‘-요’의 실제 문장에서의 용법 중 반말체 형태로 끝난 문장에서는 ‘-요’와 ‘-예’가 거의 모든 형태에 자유롭게 분포한다는 사실을 확인할 수 있었다. 그리고 ‘-유’는 ‘-은고’와 ‘-은고’ 다음에서 결합 제약을 보였으며, ‘-라우’는 ‘-아/어’, ‘-지’, ‘-을까’, ‘-서’, ‘-게’를 제외한 거의 모든 형태 뒤에서 결합이 제약되는 것을 확인할 수 있었다.

　그리고 완성문 형태의 문말에서는 유일하게 ‘-예’만이 분포할 수 있었다. 이것은 중앙어의 ‘-요’와 동남방언 ‘-예’간에 차이가 있다는 것을 의미한다. 이는 ‘-요’가 상대 대우 체계를 형성하는 말로 쓰이는 중앙어에서는 완성문의 문말에 불필요하게 되고, 상대적으로 상대 대우 체계 형성 기능이 약한 동남방언에서는 ‘-예’가 담화적 요소로서 쓰인 결과가 아닌가 싶다. 그리고 비완성문 형태의 문장에서는 단어와 구 등 발화단위에 자유롭게 분포한다는 것을 확인할 수 있었다.

　문중에서의 ‘-요’는 통사적인 기능이 확정된 자리 즉 통사적 기능을 담당하지 않아도 될 자리에 자유롭게 분포한다는 사실을 밝혀낼 수 있었다. 그리고 가급적이면 분리성이 큰 자리에 우선적으로 분포한다는 것도 밝혔다. 그러므로 문중에서의 ‘-요’는 어느 정도의 분리성이 보장되면서 통사적인 기능이 확정된 자리인 발화 단위에 분포한다고 할 수 있다.

# 5

# ‘-요’의 기능과 문법 범주

'-요'의 기능에 관한 선행 연구의 결과는 대략 다음과 같다[80].

(1) '-요'형 표현은 청자 존대 표현으로 인정되어야 한다(신창순 1963, 성기철 1970, 서정수 1972 · 1979, 이익섭 1974, 고영근 1974b, 김영태 1982 등).

(2) '-요'가 통합될 수 있는 선행 형태소는 대체로 반말 종결어미이다(신창순 1963, 성기철 1970, 김영태 1982 등).

(3) '-요'는 종결어미에만 붙는 것이 아니라, 주어 · 목적어 등 여러 성분 뒤에도 통합된다(신창순 1963, 성기철 1970, 김영태 1982 등).

(4) '-요'형 표현은 {ㅂ 니다}의 표현과 비교해 볼 때, 비격식체 · 친근체 · 정감적 용법 등과 같은 스타일(style)적 차이를 나타낸다 (Martin 1954 · 1964, 박창해 1964, 서정수 1972 · 1979, 배양서1973, Lukoff 1977, 조준학 1980, 남기심 1981 등).

이러한 연구 결과는 문말의 '-요'와 문중의 '-요'를 동일한 것으로 볼 것인가 아니면 다른 것으로 취급할 것인가 하는 것과 관계되어 있다. 전자에 대하여 대부분의 연구는 문말 '-요'와 문중 '-요'의 의미 기능이나 통사상의 자격 면에서도 동일하다고 보고 있다. 즉 문장과는

---

80) 김정대(1983), {요} 청자 존대법에 대하여, 경남대 가라문화연구소 pp. 130~131.

직접적인 상관이 없는 첨가 요소로서의 기능과 청자를 대우하는 기능을 담당한다는 것이다. 후자의 경우 문말의 '-요'와 문중의 '-요'가 가지는 의미 기능면에서의 공통점은 인정하지만 통사상의 자격은 다른 것으로 본다는 입장이다. 즉 문말의 '-요'는 어미로 처리하는데 대하여 문중의 '-요'는 첨가어로 보는 것이다. 그리고 두 '-요'가 다른 것이라면 어느 것이 더 기원적이냐 하는 것에 관한 일부 연구가 있었다.

결국 이렇게 '-요'에 관한 주장들이 다양한 것은 그 만큼 '-요'가 가지고 있는 분포상의 특징이나 의미 기능면의 특징이 단순하지 않다는 것을 의미한다. 본 장에서는 3장에서 논의한 '-요'의 기원에 관한 것과 4.1의 분포상의 특징에서 논의된 내용에 근거하여 '-요'의 기능을 살펴보기로 한다. 이 글에서 전자의 입장을 취하되 문말과 문중에서의 '-요'의 기능에 다소간의 차이가 있다는 입장에서 논의를 전개할 것이다.

## 5.1.1 문말에 결합하는 '-요'의 기능

4장에서 우리는 '-요'가 문말과 문중 등 다양한 자리에 분포하고 있음을 확인한 바 있다. 그 중에서 문말에 결합하는 '-요'의 기능에 대해서 알아보고자 한다. 문말에 결합하는 '-요'는 '청자 존대'의 기능을 담당한다. 현대 우리말에서 대체로 청자를 높이지 않을 때는 반말 종결접미사로 문장을 끝맺고, 높이고자 하는 뜻이 있을 때는 반말 종결접미사에 '-요'가 통합된다(한길 1986:15).

(1) ㉠ 어제요 우리 반에요 서울에서요 어떤 아이가요 전학을 왔는

데요 너무 예쁘고요 착해요.

ⓛ *어제요 우리 반에요 서울에서요 어떤 아이가요 전학을 왔
  는데요 너무 예쁘고요 착해.

ⓒ 어제 우리 반에 서울에서 어떤 아이이 전학을 왔는데 너무
  예쁘고 착해요.


  (1-㉠)은 문중과 문말에서 '-요'가 다 실현된 정문의 예이고, 문중의
'-요'는 그대로 두고 문말의 '-요'를 제거한 (1-ⓛ)은 손아래 사람이 어
른에게 쓸 수 없는 비문이 된다. 그러나 문중의 '-요'는 다 제거하고
문말의 '-요'만 사용한 (1-ⓒ)은 정문이다. 이것은 곧 문장에서의 청자
존대의 기능은 문말의 '-요'가 담당하고 있다는 것을 보여주는 것이다.


(2) ㉠ 졸업은 했어-요?

   ⓛ 졸업은 했지-요.

   ⓒ 그렇다면, 선생님만 손해를 보시게-요.

   ㉣ 저 분이 왜 여기 왔는가-요?

   ㉢ 아니 무슨 구경거리가 났나-요

   ㉤ 오늘 날씨 참 덥군-요.

   ㉥ 선생님께서 그러시네-요.

   ◎ 철수는 어디 가는데-요?

   ㉦ 내가 어제 극장에 갔었거든-요.

   ㉧ 이런 철부지를 서울 유학을 보내다니-요.

   ㉨ (철수가) 그분이 어제 학교에갔다나-요.

ⓔ 철수가 밥을 먹는다고-요?

ⓟ 그 책이 가장 재미있다니까-요.

ⓗ 어머니께서 어제 학교에 갔다면서-요?


예문은 반말 종결접미사 '-아/어', '-지', '-게', '-가', '-나', '-군', '-네', '-데', '-거든', '-다니', '-다나', '-다고', '-다니까', '-다면서' 다음에 '-요'가 결합된 것을 보여주고 있다. 이 예문들을 살펴보면 '-요'없이도 문장을 종결시키고 있다는 것을 확인하게 된다. 여기에 '-요'가 결합됨으로써 반말 문장에서 청자를 존대하는 문장으로 바뀌게 된다. 따라서 '-요'는 반말로 끝난 문말에 결합하여 청자를 존대하는 기능을 담당하는 형태소이다.

그러나 문말에 결합된 '-요' 중에는 [+청자 존대]가 아닌 [+친밀감]의 기능을 나타내는 예외적인 것이 있다.


(3) ㉠ 밥 먹었습니까요?

　　제가 잘 하고 있습니다요.

　ㄴ 어제 자아 갔다예.

　　저 아: 참 예쁘다예[81].

　ㄷ 그 일을 다 했습니까이다.

　　지금 돌아오십니다이다.


(3-㉠)은 문말에 '-요'가 결합된 예인데, 이미 '-요' 앞에서 대우의 등

---

81) 문병우(2000:193)에서 재인용.

급이 결정된 상태다. (3-ㄴ, ㄷ)의 진주방언과 남해방언에 사용된 '-예/
-이다'도 마찬가지다. 이들은 비록 문말에 결합되었지만 [+청자 존대]
의 기능이 아닌 화자의 청자에 대한 [+친밀감]을 나타내는 것으로 봐
야 한다[82].

　지금까지 문말에 결합하는 '-요'의 기능에 대해서 알아보았다. 문
말에 결합하는 '-요'는 반말로 끝난 문장에 결합하여 상대를 대우해
주는 기능을 담당한다. 그렇다면 문말의 다양한 반말 어미에 '-요'가
결합하여 청자를 높이는 형태의 상대 높임법이 활발하게 사용되고
있는 이유는 무엇인가?[83] 그 이유는 우리말 상대 높임법의 취약점 때
문이다.

　김석득(1992:517)에서는 안맺음씨끝 형태소에서 높임을 나타내는
형태소에는 청자와 제삼자를 아주 높이는 '-으시-', 화자 자신의 겸양
을 나타냄으로써 청자를 아주 높이는 '-습-', 청자를 아주 높이는 '-이
-'가 있다고 하였다. 그런데 현대 국어에서 '-이-'는 일부 지역 방언을
제외하고는 거의 쓰이지 않고 있다. 그러나 높임의 등분이 잘 나누어
져 있기는 하지만 막상 눈앞의 청자를 높일 수 있는 어미가 그리 많
지 않다[84]는 데서 나타난 결과라고 보여진다. 따라서 화용표지 '-요'
가 문말에서 '-습니다', '-게' 등의 기능을 대신하면서 상대를 대우해
주는, 서법을 나타내는 형태로 자리잡아 가고 있는 단계에 있다고 할

---

82) 양인석(1980)에 따르면, 아주 높임 종결접미사 다음에 '-요'의 통합 여부는 정
　　표지(情標識)에 따른 다정다감이 있느냐 없느냐의 차이라 하였다.
83) 한 길(1986:9)에서는 현대 우리말의 입말에서는 반말 종결접미사와 반말에
　　'-요' 통합 형태가 많이 쓰이고 있다고 했다.
84) 이는 중세어의 '-이(다)'가 생략된 반말 형태가 종결어미로 많이 쓰이기 때문
　　일 것이다.

수 있다[85].

## 5.1.2 문중에 결합하는 '-요'의 기능

문중에서 사용되는 '-요'의 특징 중 하나는 성인 발화에서보다는 아동발화에서 자주 발견되는 특징을 가지고 있다. 어른의 담화표지는 어휘적인 담화표지가 많이 실현되는 반면에 어린이의 담화표지는 비어휘적인 담화표지가 많이 실현된다[86].


(4) 문 : 너 어제 뭐 했니?

　　㉠ 저는 어제 집에서 숙제를 하고 오락 좀 하다가 친구가 찾아
　　　　와서 같이 놀았어요.

　　㉠´ 저는요 어제요 집에서요 숙제를 하고요 오락 좀 하다가요
　　　　친구가 찾아와서요 같이 놀았어요.


(4-㉠)이 성인의 발화라면, (4-㉠´)가 아동 발화의 예라고 할 수 있다[87]. 성인에 비해서 담화 능력이 떨어지는 아동 발화에 자주 사용된다는 것은 '-요'에 그 나름대로의 어떤 기능이 있기 때문이라고 생각된다.

---

85) 김정대(1983)에서는 기븐(1979)의 통사화 이론에 근거하여 '-요'의 문중에서의 쓰임을 화용상 쓰임이라 하고, 문말에서의 쓰임을 통사상 쓰임으로 구별하고 있다. 이 둘 중 화용상 쓰임이 본래의 쓰임이었는데, 문말에서의 '-요'는 화용상 쓰임이 통사화한 결과라고 보고 있다.

86) 임규홍(1995), 효과적인 말하기 지도를 위한 국어 담화특성 연구-어른말과 어린이말을 중심으로-, 경상어문 제1집. p. 74.

87) 이러한 표현은 짧은 발화보다 긴 발화에서 자주 등장한다.

'-요'의 분포 특성 중 하나가 문법적 기능이 확정된 자리에 자유롭게 분포한다는 것이었다. 이것은 문중에서의 '-요'는 문법적인 기능이 아닌 다른 기능을 수행한다는 것을 의미한다. 이러한 표현은 현대국어에서 더욱 확대되어 사용되고 있다. 이것은 우리 국어의 대우법 체계의 변화 중 청자 대우의 개념적 변화에서 비롯된 것으로 볼 수 있다. 즉 화자가 선택하는 청자 대우법의 거리는 실제 거리와는 상관없이 화자의 심리적 거리에 따라 좌우된다. 그리고 대우법의 체계가 수평적 축을 중심으로 변하였고, 청자 대우의 실현이 청자 중심에서 화자 중심으로 변하였다[88]. '-요'가 40대 이상의 중 장년층 발화에서 보다 청소년층 발화에서 더 많이 나타나는 것은 이를 뒷받침해 준다[89].

그 결과 엄격한 대우법 체계가 단순화되면서 해요체의 '-요'가 구어체에서 확산되어 쓰이게 되었고, 이러한 '-요'의 구어성이 담화적 기능 요소로 발달된 것이다. 즉 문중의 '-요'는 청자에 대한 화자의 심리적 거리를 나타내는 요소로 실현되거나 화자의 주관적인 담화 계획을 나타내는 것으로 발달된 것이다. 위에서 설명한 문중에서 '-요'의 실현 특성을 근거로 그 기능을 알아보고자 한다.


(5) ㉠ 철수가요 학교에 가다가요 영수를 만났거든요.

---

88) 윤석민(1993:464)에서는 대우에 대한 판단의 기준이 청자에서 화자로 변화하였으며, 따라서 친소 관계나 상하 관계에 대하여 화자가 자기 중심적으로 판단한 것이라고 했다.
89) 실제로 60대 이상인 사람들을 대상으로 자료를 수집한 "한국구비문학대계"에서는 문중에서 사용된 '-요'의 예를 하나도 발견할 수 없었다. '-요'가 아닌 다른 담화표지 '인자'는 아주 많이 발견할 수 있었다.

　　ⓒ 철수가 학교에 가다가 영수를 만났거든요.

　　ⓒ 철수가 말입니다 학교에 가다가 말입니다 영수를 만났거든요.


　(5-ⓙ)은 문중에 '-요'가 사용된 문장으로 문중에 '-요'가 사용되지 않은 (5-ⓒ)에 비해서 보다 부드럽고 친밀감[90] 있게 느껴진다. 그리고 '-요'와 비슷한 기능을 하는 '-ㅂ 니다'체의 '말입니다'가 결합된 (5-ⓒ)에 비해서도 훨씬 친밀감 있게 느껴지는 것이 사실이다[91]. 앞에서 '-요'가 주로 문법적 기능을 담당하지 않아도 되는 조사 다음에 나타나 있는 것을 확인할 수 있었다. 이것은 바로 문중에서 실현된 '-요'가 문법적 기능이 아닌 '친밀감'의 기능을 나타낸다는 것을 의미한다.

　우리가 일상 생활에서 사용하고 있는 말은 모두가 어떤 정보를 제공하고 받아들이기 위해서만 사용하는 것은 아니다. 아침에 골목에서 만난 동네 어른께 "아침 드셨습니까?"라고 인사를 하는 목적이 그 어른이 아침밥을 안 드셨으면 아침밥을 대접하려고 하는 것은 아니다. 이것을 우리는 언어의 친교적 기능이라고 한다.


　(6) ⓙ 우리 선생님은요 학교에서요 공부를 안하고요 엉뚱한 짓을
　　　　하면요 꾸중을요 많이 해요.

　　　ⓒ 우리 선생님은 학교에서 공부를 안하고 엉뚱한 짓을 하면

---

90) 유송영(1996)은 화자와 청자의 힘의 시이소(seesaw)관계와 유대(solidarity)의 정도로서 국어 청자 대우법의 운용 원리를 설명하면서 '친밀감'에 해당하는 용어로 '유대'를 사용한 바 있다.
91) 박창해(1964), 서정수(1979) 등에서 '-요'형 표현은 'ㅂ 니다'의 표현과 비교해 볼 때, 비격식체, 친근감, 정감적 용법 등과 같은 스타일적 차이를 나타낸다고 했다.

꾸중을 많이 해요.

위 예문에는 문중에 상당수의 '-요'가 발견되는데 사실은 이 말들이 아무런 의미를 제공하고 있지 않다. '-요'가 없어도 우리가 그 내용을 알아보는 데는 아무런 지장이 없다. 이러한 문중의 '-요'는 [+친밀감]의 기능을 나타낸다고 볼 수 있다[92]. 문중의 '-요'를 제거한 (6-ㄴ)이 (6-ㄱ)에 비해서 확실히 딱딱한 느낌을 갖는 것은 이 때문이다.
앞에서 알아본 바와 같이 문중의 '-요'는 문장의 앞뒤 성분 사이에 어느 정도의 분리성이 있을 때 결합할 수 있다[93].


(7) 문 : 주로 그러면 겨울에는 그, 그런데 그 곰국도 매일 먹을 수는 없지 않습니까? 매일 먹으면 금방 없어지니까요.

　　답 : 응?

　　문 : 매일 먹으면요 금새 없어지잖아요?

　　답 : 아이, 그러니깐 이제 식구 적은 사람은 매일 먹어두 글쎄 또 그러면 다음에 또 끓여먹지 뭐.

(8) 문 : 예전에 그럼 형제분이 몇 분이나 돼셨어요?

　　답 : 제 형제요 형제는 둘이죠. 그런데 에 그때는 인제 제 아우가 제 아우두 지끔 연:시내서 사:는데 아주 착하요.

---

92) 야콥슨(1960)은 언어의 기능을 6가지로 분류한 바 있는데, 그 중에서 '-요'와 같은 말이 문장에서 차지하는 기능은 청자의 주의를 환기시키거나, 화자가 청자에게 계속해서 관심을 가지고 있다는 사실을 확인시키는 것이라고 하면서, 이러한 언어 기능을 상황적 기능(Phatic function)이라고 했다.
93) 김정대(1983:131)는 문중의 각종 성분에서 다소의 휴지만 동반된다면 '-요'는 자연스럽게 쓰일 수 있다고 했다.

　　문 : 그러면 대문 안에는 자주 가셨어요?

　　답 : 문안요 문안은 국민핵교 때두 잘 못 가죠. 그때는 돈:이 귀
　　　　했잖아요. 그래서 인제 가:끔 그야말루 무신 머 책 사러거
　　　　나 이런 때는 가도.

　　문 : 구파발이 아주 유명한 역이었죠.

　　답 : 구파발요 구파발역이 아주 유:명했죠[94].


　(7)과 (8)의 예는 앞뒤 성분 사이에 분리성이 있는 자리에 '-요'가
결합된 예이다. 이렇게 이미 분리성이 존재하는 자리에 또 다른 휴지
의 자질을 가진 '-요'가 결합되므로 인해 긴 발화의 중간 중간에 더
큰 휴지를 둘 수 있게 되므로 문장이 적당한 간격으로 끊어지는 효과
를 얻게 된다[95]. '-요'가 가진 이 특성으로 인해 성인 발화보다는 문
장 구사 능력이 미숙한 아동 발화에서 많이 쓰이게 된다.


　(9) 엄마가요 우리가요 학교 갔다 오면요 밥도 주시구요 빨래도 해
　　　주시구요 그래서요 좋아요.


　(9)의 어린이말 중간 중간에 '-요'가 많이 쓰인다는 것은 논리적 표
현의 결여를 보완해주는 한 방법이기도 하다. 어른들보다 문장 표현
력이 약한 어린이들이 '-요'를 이용해 마디마디를 하나의 문장과 같
은 표현 효과를 얻게 되는 것이다[96]. 문중의 '-요'는 이처럼 긴 발화

---

94) 이정애(1998:84)에서 재인용.
95) 김정대(1983:136)는 '-요'를 붙임으로써 실제로는 하나의 문이 끝난 것은 아니지
　　만 그와 같은 효과를 가져온다고 하면서 '-요'의 분리성을 인정하고 있다.
96) 김정대(1983), '요' 청자 존대법에 대하여, 가라문화 2, 경남대학교. P. 136.

에 있어서 정보의 길이를 조절하면서 시간을 벌어서 화자로 하여금 효과적인 담화를 하도록 해 준다[97].

(7)은 화자가 청자에게 자신이 전달하고자 하는 정보가 잘 전달되지 않았다는 것을 청자의 '응?'이라는 대답을 통해 확인하고 같은 문장을 다시 반복하면서 청자의 주의를 환기 시켜 정보를 정확하게 전달할 목적으로 '-요'를 덧붙여 분리성을 크게 만들어 표현하고 있다.

(8)의 예에 나타난 '형제요', '문안요', '구파발요'는 전달한 중요한 정보를 다시 한번 '-요'를 사용하여 초점화하여 강조하고 있다. 이렇게 '-요'의 결합으로 앞의 정보가 초점화 되어 강조될 수 있는 것은 역시 '-요'가 가지고 있는 분리성 때문으로 보여진다. 즉 이미 분리성이 있는 자리에 '-요'가 결합됨으로 인해서 분리성이 더욱더 커져서 하나의 문이 끝난 것 같은 효과로 인해 앞의 정보가 초점화 될 수 있었던 것이다. 이와 같은 초점화로 선행 정보를 강조하면서 청자로 하여금 후행 정보에 대한 호기심과 관심을 가지게 하는 효과를 가져온다.

이런 점에서 문중의 '-요'는 통사적 형태가 아니라 문체적 기능 요소라 할 수 있다.


(10) ㉠ 제가요 어제는요 학교에서요 공부를 너무 열심히 했어요.

　　 ㉡ 내가 말이야 어제는 말이야 학교에서 말이야 공부를 너무 열심히 했어.

---

97) 이정민·박성현(1991:380~381)에서 이것은 화자가 긴 문장으로 이루어진 말을 매끄럽게 할 수 없는 상황에서 화자 나름대로 적당한 간격을 유지하면서 말을 이어갈 수 있도록 해주는 디딤말(hedge) 역할을 한다고 했다. 그리고 이것은 상대방의 주의를 환기시키면서 동시에 화자 자신의 입장을 방어적으로 가다듬어 나가는 기능으로 볼 수 있다고 했다.

    ⓒ 내가 있잖아 어제는 있잖아 학교에서 있잖아 공부를 너무
      열심히 했어.

  (10)의 명제적 의미는 동일하다. 다만 담화표지가 달리 사용되었을
뿐이다[98]. (10-ⓛ, ⓒ)에서 '말이야'와 '있잖아'가 쓰인 것은 화자에 비
해서 청자가 손아래 사람이거나 부담 없는 친구이기 때문이고, (10-
ⓐ)에서 '-요'가 쓰인 것은 화자 입장에서 청자를 어느 정도 대접해줘
야 할 입장이기 때문이다. 이때 청자 존대의 기능을 하는 문말과 같
은 형태인 '-요'가 사용될지라도 청자 존대의 기능보다는 담화적 기
능을 수행하는 것으로 봐야 한다.

  지금까지 '-요'의 기능에 대해서 알아보았다. 그 결과 문말 '-요'는
주로 반말로 끝난 문장에 결합하여 청자를 대접해주는 '청자 존대'
의 기능을 한다는 것을 알았다. 그리고 문중의 '-요'는 친근감을 나
타내기도 하고 청자의 주의를 환기시키기도 하며 앞 정보를 초점화
하여 강조하기도 한다. 그리고 발화의 길이를 조절하여 효과적인 담
화 계획을 수행할 수 있는 시간을 벌게 해준다. 문말 '-요'의 주된
기능이 청자 존대이므로 해서 이 부분에 대한 지금까지의 연구에 다
소간의 혼란이 있었던 것이 사실이다. 그러나 이 글에서는 문말 '-
요'와 문중 '-요'의 뿌리는 '-이+이+오+이'에서 비롯된 것으로 동
일하게 보지만 문법화의 진행 과정의 차이로 인해 둘의 기능에 차이
가 있는 것으로 보고 논의를 전개하였다. 원래 화용표지에서 출발한

---

98) 이한규(1996)에서는 담화표지란 그것이 나타나는 문장(또는 발화)의 명제적
    의미(또는 진리 조건적 의미)에는 아무런 영향을 미치지 않은 채 말하는 이의
    믿음, 전제, 태도 등을 보여주는 모든 언어적 형태를 가리킨다고 했다.

'-요'인데 문말 '-요'는 문중 '-요'에 비해 문법화의 진행이 많이 된 관계로 원래의 기능인 화용표지의 기능을 많이 상실하고 대신에 상대를 대우해주는 서법적 기능을 담당하게 된 것이다.

언어는 끊임없이 변화하는 것이다. 그 변화의 결과 15세기에 사용되지 않던 '-요'라는 형태가 새롭게 생겨난 것이다. 문말에서의 '-요'와 문중에서의 '-요'의 기능이 다른 것을 설명하기 위해서는 문법화에 관한 것을 말하지 않을 수 없을 것 같다[99]. 지금까지 국어 연구에서의 문법화의 개념은 다음과 같은 두 가지의 의미에서 이해되고 수용되었다고 할 수 있다.

첫째, 실질 형태소가 의존 형태소로 변하는 현상으로 규정한 것으로 전통적인 허사화의 개념에서 출발한 이태영(1988)과 이를 좀더 심화시켜 엄격하게 적용하려는 통시 통사론적 관점의 정재영(1996)의 연구이다[100].

둘째, 외국의 이론을 어느 정도 수용한 것으로서 문법화의 범위를 기존의 어휘 형태소가 문법 기능을 하는 문법소로 바뀌는 것만이 아니라, '덜' 문법적인 기능을 하던 것이 '더' 문법적인 기능을 하는 것

---

99) 문법화에 상응하는 개념으로 국어 연구에서는 '허사화'라는 용어가 사용되었는데, 허사화의 개념은 유창돈(1962:201)에서 "어떤 실사가 타어사 밑에 연결되어 선행어사의 영향하에 들어가게 될 때, 그로 인해 본래의 어의가 희박화 내지 소실되어 버리는 선행 어사의 기능을 맡는 허사로 변하는 현상"이라고 규정하였다.

100) 이태영(1988:15~16)에서 문법화는 "일정한 의미를 가지고 쓰이던 실질 형태소가 다른 형태소의 뒤에 연결되어 선행하는 형태소의 영향하에 들어가게 될 때, 그로 인하여 본래의 어휘 의미가 약화되거나 소실되어 의존 형태소로 변하는 현상"이라고 정의하고 있다.
정재영(1996)은 문법화는 일종의 어미화로서, 기원적으로 통사적 구성인 '匸' 명사구 보문 구성의 통합 구조체가 단어 및 형태소 경계의 소멸과 의미 기능의 변화 등을 원인으로 하여 통합형으로 어미화한 것으로 규정하고 있다.

으로 바뀌는 것도 폭넓게 적용하려는 이성하(1996), 김미영(1996), 안
주호(1996b), 고영진(1997), 김현정(1997) 등의 연구이다.

　최근의 연구에서 규정된 국어에서의 문법화에 대한 개념에는 형태
화(morphization)와 형태소화(morphologization) 등을 문법화와 관련된
용어로 들고 있다. 형태소화는 인접하는 두 형태소간의 융합에 의하
여 형태만 변한 상태로서 아직 새로운 문법적 기능을 파생시키지 않
아 본래의 상태로 자유롭게 환원이 가능한 것이며, 형태화는 형태적
구성으로서, 공시적인 면에서 복원을 시키는 것이 불가능하거나, 의
미가 달라진 형태로 되어 새로운 문법적 기능이 생긴 것을 말한
다[101]. 따라서 문법화는 일차적으로 시간의 흐름 속에서 하나의 어휘
가 문법적 형태나 형태 통사적 형태와 같은 새로운 신분을 획득하여
가는 역동적인 역사적 과정을 가리키는 것으로 이해할 수 있다.

　앞에서 설명한 것처럼 '-요'는 15세기의 상대 존대소인 '-이-'가 포
함된 '-이+이+오+이'에서 비롯된 것이다. 이 '-이-'가 [ㅇ]음가의 탈
락으로 17~18세기를 거치면서 혼란기를 겪다가 인접 형태소인 '-이
-'와 융합을 이루게 되었고 여기에 '-오1'이 융합되어 '-요'가 만들어
진 것을 볼 수 있다. 따라서 문중의 '-요'는 새로운 문법적 기능을 파
생시키지 않고 화용적 기능을 그대로 유지하고 있는 형태소화된 것
으로 볼 수 있다. 이 논리대로 하자면 반말로 끝난 문장에 결합하여
상대를 대우하는 서법적 기능을 수행하는 '-요'는 새로운 문법적 기
능을 획득한 형태화한 '-요'로 봐야 한다[102].

---

101) 안주호(1996b), 한국어 명사의 문법화 현상의 연구, 연세대학교 박사학위 논
　　문. p. 16.
102) 4장에서 '-요'의 분포와 기능에 대해서 설명하였는데, 이 때 문말의 '-요'와

따라서 문중에서 화용적인 기능을 담당하는 '-요'에 비해서 문말에
서 청자 존대의 기능을 하는 '-요'가 문법화의 과정이 더 많이 진행된
것으로 볼 수 있다. 따라서 이 두 '-요'는 다른 기능을 하는 것으로 보
는 것이 옳다고 본다.

<hr>

문중의 '-요'가 다르다는 입장에서 논의를 하였다. 이것이 실제로 문법화의
논리에 일치하는 것이기도 하기 때문이다.

이 절에서는 3장에서 분석한 '-요'의 기원과 4장의 분포 특성을
바탕으로 '-요'의 문법 범주에 대해서 살펴보고자 한다. 지금까지의
'-요'에 대한 연구들을 간추려서 정리해 볼 것 같으면 첫째, 종결어
미 또는 조사로 보는 견해가 있다. 그 중 종결어미로 보는 견해(고영
근 1971:126~127)와 어말어미로 보는 견해(유영대・이기갑・이종주
1998:77~84), 그리고 조사로 보는 견해(성기철 1975:172)가 있다. 둘
째, 청자 존대소로 보는 견해(이상복 1976, 김영태 1981:56~59, 김영
신 1982:20~30, 서정목 1987:153~168)가 있다. 셋째, 특수(도움)토
씨로 보는 견해(허웅 1983, 이원근 1999:117)가 있으며 문종결 보조
사로 보는 견해(최현배 1937, 권재일 1982)가 있다. 넷째, (수사적)첨
사로 보는 견해(최명옥 1976:168, 김종택 1982, 김정대 1983:157, 홍
사만 1983, 정원수 1992:164)가 있다. 다섯째, 그 외에 '-아/어 +요'
로 된 합성씨끝으로 보는 견해(김석득 1992)와 계사로 보는 견해(람
스테드 1939:78~79)가 있다.

이렇게 동일한 형태를 두고 다양하게 볼 수 있는 것은 '-요'가 가지
고 있는, 여러 위치에 나타날 수 있다는 분포상의 특성과, 청자 존대
의 기능과 화용적 기능을 동시에 수행할 수 있다는 특이한 속성 때문
이 아닌가 생각된다. '-요'가 가지고 있는 분포, 기능, 의미면에서의
다양하고 복잡한 특성들을 다 고려한 다음에 품사를 결정해야 하는
데 어느 한 쪽 면만 보고 결정한 결과 이렇게 다양한 견해들이 나온
것으로 보인다.

　위의 다양한 견해들 중 첫 번째처럼 종결어미나 조사로 보는 것은 '-요'가 통사적 기능을 담당하고 있는 것으로 본 견해이다. 이것은 아마도 '-요'의 주된 분포 위치가 문말인 데에서 비롯된 것으로 보인다. '-요'가 문말에 위치하다 보니 문장을 종결하는 기능이 있는 것으로 볼 수 있는 것이다.


(11) ㉠ 무슨 소리가 났어.

　　 ㉠´ 무슨 소리가 났어요.

　　 ㉡ 졸업은 했지.

　　 ㉡´ 졸업은 했지요.

　　 ㉢ 김선생이 아주 젊어 보이네.

　　 ㉢´ 김선생이 아주 젊어 보이네요.

　　 ㉣ 내 말을 못 믿겠다는 말인가?

　　 ㉣´ 내 말을 못 믿겠다는 말인가요?

　　 ㉤ 세상에 저런 악질도 다 있나?

　　 ㉤´ 세상에 저런 악질도 다 있나요?

　　 ㉥ 그렇게 통일이 쉽게 되면 걱정이 없게?

　　 ㉥´ 그렇게 통일이 쉽게 되면 걱정이 없게요?

　　 ㉦ 오늘 날씨가 참 덥군.

　　 ㉦´ 오늘 날씨가 참 덥군요.

　　 ㉧ 그 분 요리 솜씨가 제법인데.

　　 ㉧´ 그 분 요리 솜씨가 제법인데요.

(11-㉠~㉢)의 문장은 반말 종결접미사 '-어', '-지', '-네', '-가', '-나', '-게', '-군', '-데'에 의해서 문장이 완전하게 종결되어 있다는 것을 보여 준다[103]. 문말에 '-요'가 결합된 (11-㉠´~㉢´)의 문장에서는 이미 반말 종결어미로 완결된 문장의 끝에 '-요'가 결합됨으로 해서 [+청자 존대]의 기능을 추가하고 있을 뿐이다. 그리고 4.1.2에서 살펴본 것처럼 문중에서의 '-요'는 통사적 기능을 담당하지 않으면서 어느 정도의 분리성이 있는 자리에 결합할 수 있다. 말하자면 '-요'는 문장에서의 통사적 기능을 담당하지 못한다는 것이다. 그래서 주로 구(句) 뒤에 결합된다.

(12) 어떤 꼬마가요 저한테요 돌멩이를요 막 던졌어요.

위의 예는 '-요'가 문법적 기능을 담당하는 요소인 조사 뒤에 주로 결합하고 있는 것을 보여 준다. 따라서 '-요'는 조사일 수가 없다.

두 번째 청자 존대소로 보는 견해는 앞의 예에서 본 것처럼 문말에 위치할 경우에는 맞는 얘기다. 그러나 문중의 '-요'일 경우에는 그 기능을 달리한다고 봐야 한다.

(13) 우리가요 학교에 가면요 친구들도 만나구요 재미있는 놀이도 하구요 그래서요 좋아요.

---

103) 한 길(1986:9 ~15)에서 우리말에서 청자 높임의 등분은 주로 문장의 종결접미사에 의해 결정되는데, 현대 우리말의 입말에서는 반말 종결접미사와 반말에 '-요' 통합 형태가 부쩍 많이 쓰이고 있으며, 현대 우리말에서 대체로 청자를 높이지 않을 때는 반말 종결접미사로 문장을 끝맺고, 높이고자 하는 뜻이 있을 때는 반말 종결접미사에 '-요'를 통합하면 된다고 밝히고 있다.

위의 (13)은 현대 국어에서 일반적으로 사용되는 말이다. (13)의 '-요'
가 청자를 존대한다는 것은 사실이다. 그런데 문중의 '-요'와 문말 '-요'
를 구별해서 살펴볼 필요가 있다.

(14) *우리가요 학교에 가면요 친구들도 만나구요 재미있는 놀이도
　　　하구요 그래서요 좋아.
(14)′ 우리가 학교에 가면 친구들도 만나구 재미있는 놀이도 하구
　　　그래서 좋아요.


문중에서는 '-요'가 나타나 있으나 문말에서는 생략되어 있는 (14)
는 문장 전체가 청자에 대한 존대의 기능을 상실한 이상한 문장이 된
반면에 문중의 '-요'는 생략해 버리고 문말의 '-요'만 남겨둔 (14)′는
청자 존대의 기능을 제대로 수행하고 있다. 따라서 모든 '-요'를 [+청
자 존대]로 보기보다는 '-요'의 기능을 문중과 문말에서 달리 해석해
야 할 필요가 있다. [+청자 존대] 기능은 문말의 '-요'가 담당하고 문
중의 '-요'는 화용적 기능을 담당한다고 볼 수 있다.

　세 번째, 특수(도움)토씨로 보는 것은 '-요'가 여러 문장 성분에 연
결될 수 있고, 통사적 구성체에 연결될 수 있는 데서 비롯된 견해이
지만, '-요'는 특수 토씨와는 많은 차이가 있다.

　보조사는 그 생략에 제한이 있고, 한 문장 안에 여러 개가 한꺼번
에 나타날 수 없는 통사적 제약이 있다104). 그러나 문중의 '-요'는 어

---

104) 홍사만(1983)에서는 보조조사(특수조사)의 성격을 다음과 같이 나타내고 있다.
　　① 분포상으로 체언 이외에 용언, 부사 아래에도 직접 연결될 수 있다.
　　② 격표지로 사용할 수 없고 여러 가지 격에 통용된다.

떤 경우에서나 생략이 가능하고, 또 여러 자리에 쓰일 수 있다. 따라서 '-요'는 화용적 기능을 하는 것으로 봐야 한다.


(15) 철수만 영수를 좋아한다.

(15)´ 철수 영수를 좋아한다.

(16) 사람들은 한결같이 어머니라는 말만 들어도 마음이 푸근해진다.

(16)´ *사람들은 한결같이 어머니라는 말 들어도 마음이 푸근해진다.

(17) 철수가요 영수를요 좋아해요.

(17)´ 철수가 영수를 좋아해.


위의 (15)´는 보조사 '-만'이 생략되면 여러 가지로 해석이 된다. (15)´는 '철수가 영수를 좋아한다'라는 뜻으로 해석할 수 있고, '누군가가 철수와 영수를 좋아한다'고도 해석할 수 있다. 그러나 이 자리에 보조사가 쓰이게 되면 주어로 해석된다. 이것은 보조사의 주된 기능은 뜻을 더하는 것이지만 경우에 따라서는 소극적이긴 하지만 격조사의 역할을 대신하는 것이기 때문이다. 즉 격조사와 함께 쓰일 때는 뜻을 더하는 역할만 하지만 격조사 대신 쓰일 때는 격조사가 갖는 통사적 기능도 수행한다[105].

(16)´의 경우는 보조사의 생략이 통사 구조에 영향을 미쳐 비문이

---

③ 고유의 어휘적 의미와 문맥적 의미를 가진다.
④ 변형의 과정에 있어서 소외되는 경우가 없다.
⑤ 구문적인 직능을 가지지 않는다.
⑥ 어원적으로 실사로부터 전성된 것이 많다.
105) 김석득(1992)에서는 도움토씨를 '뜻을 정밀하게 나타내주면서 구조에서 연계적 걸림 관계의 구실을 하는 일련의 토씨'라 하였다.

되게 한 예이다. 이러한 제약은 보조사가 단순히 의미만을 더하는 역할을 하는 것이 아니라 문장 성립에도 관여하는 것이라는 것을 의미한다. 그러나 (17)´의 예에서 보듯이 '-요'는 생략에 있어서 아무런 제약을 받지 않는다. 따라서 앞 장에서 밝힌 바대로 '-요'는 보조사가 아니라 순수하게 화용적 의미를 나타내는 것으로 봐야 한다.

(18) *철수마저 영희마저 좋아한다.
(19) *영수는 일요일마다 교회마다 간다.
(20) 철수는요 영희를요 좋아해요.
(21) 영수는요 일요일마다요 교회를요 가요.


(18)과 (19)는 단문 내에서 보조사가 여러 번 반복해서 나올 수 없다는 것을 보여 주는 반면에, (20)과 (21)에서는 '-요'가 한 문장에서 얼마든지 반복해서 나올 수 있음을 보여 준다.

이렇게 문장에서의 생략에 대한 제약이나 반복 출현에 대한 제약에 있어서 기능을 달리하고 있는 것으로 미뤄봐서 '-요'를 보조사로 보기는 어렵다.

이 글에서는 '-요'의 의미를 네 번째 견해와 같이 (수사적)첨사 즉 문장 내적인 의미가 아닌 문장 외적인 화자와 청자 사이에서의 의미를 담당하는 화용적 요소로 보고자 한다. 5.1장에서 이미 '-요'의 문중에서의 화용적 기능에 대해서 밝힌 바가 있으므로 더 이상 언급하지 않도록 하겠다.

## 5.3 정리

　지금까지 살펴본 '-요'의 기능과 문법 범주에 대한 것을 다음과 같이 정리할 수 있겠다. 앞에서도 여러 차례 언급하였지만 '-요'의 기원은 '-이+이+오+이'로 봐야 한다. 그렇기 때문에 어떤 형태로든 청자 존대의 의미와 관련되어 있다고 볼 수 있다. 말하자면 [+청자 존대]를 떠나서는 '-요'의 의미에 대해서 말할 수 없다는 얘기다. 그런데 문제는 '-요'의 분포가 너무나 다양하다는 데에 있다. '-요'가 문말에만 위치한다면 간단하게 '-요'의 의미를 [+청자 존대]로 볼 수 있겠는데 문중에서도 다양한 위치에 결합이 가능한 것이다. 문장 구성에 있어서 서법이나 시제, 그리고 청자 존대와 관련된 요소는 문장의 끝에 위치하는 게 원칙이다. 따라서 문말에 위치한 '-요'는 청자를 존대하는 의미로 사용되고, 문중에 위치한 '-요'는 [+친밀감]이나 [+주의 환기] 등의 화용적인 의미로 사용된다고 봐야 한다. 문말의 '-요'가 문중의 '-요'에 비해서 문법화의 진행이 좀더 많이 됐다고 볼 수 있다. 왜냐하면 화용표지라는 본래의 기능에서 반말로 끝난 문장에 결합하여 상대를 대우하는 서법적인 기능을 담당하는 형태로 발달해 가는 단계에 있기 때문이다. 그러나 문말에서 [+청자 존대]의 의미로 사용되는 '-요'와 문중에서 다양한 화용적 의미를 나타내는 '-요'는 둘 다 문장 내적인 의미가 아닌 문장 외적인 화자와 청자와의 관계 즉 화자가 청자를 대접한다든지, 화자가 청자에게 [+친밀감]을 나타내는 등의 의미 기능을 나타낸다는 점에서는 동일한 요소이다. 따라서 문말에 위치하는 '-요'와 문중에 위치하는 '-요'는 화용적인 기능과 의미를 나타내는 첨사적 요소라고 말할 수 있다.

# 6

결 론

이 연구에서는 현대 우리말에서 상대 높임법의 주류로 쓰이고 있는 '-요'를 대상으로 하여 '-요'가 다른 지역 방언에서는 어떤 형태로 실현되고 있는지를 분석하여 방언 지도를 작성하였으며, '-요'가 처음에 어떤 형태에서 비롯되어 어떠한 역사적 변이 과정을 거쳐 오늘날 '-요'로 정착되게 되었는가 하는 기원 문제를 살펴보았다. 그리고 동일한 뿌리에서 출발한 형태가 각 지역 방언에서 어떤 모습으로 실현되고 있으며, 각기 다른 모습으로 실현되는 원리가 무엇인지를 분석하였다. 그 다음에 '-요'가 실제 문장에서 사용되는 예를 근거로 용법 문제를 살펴보았으며, 마지막으로 '-요'의 기능과 문법 범주를 구명하였다. 이 글에서 논의된 내용을 간단히 정리하면 다음과 같다.

(1) 15세기 중세국어에서 '-이(다)' 형태로 실현되던 상대 존대소가 현재 각 지역 방언에서 각기 다른 형태로 실현되고 있다. 중부방언권에서는 평서, 의문, 명령, 청유, 감탄법 등의 서법에서 '-요', '-유', '-여' 등이 실현되고 있다. 그리고 '-요'는 전 지역에서 골고루 사용되고 있으며, '-유'는 충청남도 전역과 경기도 남부 그리고 충청북도 영동군 등 일부 지역에서 사용되고 있다. '-여'는 경상북도와 경계 지역인 충청북도 청원군 일대에서 사용되고 있다.

　　동남방언권에서는 '-예'가 전 지역에서 모든 서법에 두루 다 사용되고 있으며, 경북 구미와 선산, 상주 일부 지역에서는 '-여'가 쓰이고 있다. 서남방언에서와 마찬가지로 전라남도와 경계를 이루는 지역인 남해에서는 '이다'가 쓰이고 있다.

서남방언권 전역에서 '-라우'가 평서, 의문, 명령, 청유법 등
의 서법에서 사용되고 있다. 경남과 경계 지역인 광양, 여수, 구
례 등 일부 지역에서는 '-이다'가 쓰이고 있다. 그리고 순천과
승주의 동북부 지역에서는 특이하게도 '-요'가 사용되고 있다.

그리고 제주도에서는 이 지역에서만 사용되는 특이한 형태인
'-양'이 사용되고 있다. 그리고 동남방언 형태인 '-예'가 이 지
역에서 사용되고 있다.

(2) 이 글에서는 '-요'의 기원을 '이+이+오+이'로 본다. 그 변이
과정을 살펴볼 것 같으면 먼저 명사화 구문 표지인 '이(다)'에
상대 존대 기능 형태소인 '-이-'의 의미 기능이 녹아들어 '-이1-'
이 된다. 그리고 '-오'에 '-이-'가 결합된 형태인 '-오이'로 쓰이
다가 그 후에 '-외'의 형태로 축약이 되어 사용되었고, 그 뒤에
'-오1'로 실현되게 된다. 상대 존대소 '-이-'의 의미 기능이 융합
된 '-오1(오+이)'에서 비롯된 '-오'에는 상대 존대의 기능이 있
다. 문말에는 청자에 대한 대우나 서법을 나타내는 형태소가 위
치하는 것이 일반적인 문법 법칙이다. 따라서 '-오'가 청자와의
대우관계를 나타내는 형태만 위치할 수 있는 문말에 위치할 뿐
만 아니라 상대 존대의 기능을 가지는 것은 '-습-'에서 비롯된
'-오'가 아닌, 상대 존대소 '-이-'의 의미 기능이 녹아 있는 '-오
1(오+이)'이라고 봐야 한다.

그 다음 '이-+오1'에서 음운 축약에 의해 '-요'가 만들어졌다
고 본다면 '-오'와 '-요'의 의미 기능이 동일한 것으로 볼 수 있
는데, 이 두 형태에는 청자 대우의 정도나 [+친밀감]에서 다소
의 차이가 있다. '-요는 주로 격식체에서 쓰이는 '-오'보다 대우

의 정도가 높을 뿐만 아니라 [+친밀감]의 정도도 더한다. 이것
은 '-요'의 전신인 '-이오'의 '-이-'가 단순한 계사 '이-'가 아니
라는 것을 의미한다. 이때의 '-이-'에도 상대 존대소 '-이-'의 의
미 기능이 녹아 있다고 봐야 한다. 그래서 '-요'의 기원을 '이+
이+오+이'로 보는 것이다.

(3) 중세 국어에서 '-이다'로 실현되던 상대 존대 형태소가 중부방
언권에서는 '-유'의 형태로 쓰이고 있다. 이 '-유' 역시 '-요'와
마찬가지로 중세 국어의 상대 존대 형태소인 '-이-'에서 변이된
형태이다. '-이오'에서 '-요'로 변이된 과정으로 미뤄볼 때 이 지
역의 상대 존대 형태소 '-유'로 실현되기 전의 중간 형태가 있
었다고 볼 수 있겠는데, 그것은 이 지역의 보편적인 형태로 실
현되고 있는 '-오1'의 이형태 '-우'라고 볼 수 있다. 따라서 '-유'
의 뿌리는 '-이우'라고 볼 수 있다. 이것이 발음의 편의에 의한
음운 축약에 의해 '-유'로 실현된 것이다. 그 결과 중부방언권에
서는 '-요'와 '-유'가 혼용되고 있는 것이다.

동남방언권에서는 '-여'와 '-예', '-이다'로 실현되고 있다. '-여'
는 '-이1+어'에서 축약에 의해 형성된 것으로 본다. 그리고 '-예'
는 '-여'에 [+친밀감]을 나타내는 운소 '-이'의 결합에 의해 만들
어진 것으로 본다. 즉 '이1+어+이'에 의해서 형성된 것이다. 이
것은 '-예'가 다양한 대우 등급에 두루 결합할 수 있는 것으로
증명이 된다.

서남방언권에서는 '-(이)라우'와 '-요', '-이다' 등으로 실현된
다. '-(이)라우'는 '-이+이+다우'에서 [ㅇ]의 음가 상실로 인해
서 '-이-'의 의미 기능이 계사 '이-'로 녹아들어 '-이1다우'로 융
합이 이뤄지고, 이것이 다시 발음의 편의로 인한 유음화를 겪어

서 '-(이1)라우'로 변이된 것으로 본다. 그리고 경남방언권과의
접촉 지역에서는 중세 국어 형태인 '-이다'가 아직까지 실현되
고 있다.

　　제주도방언권에서는 '-양'이라는 특이한 형태와 '-예'가 사용
되고 있다.

(4) 그리고 '-요'의 실제 문장에서의 용법을 먼저 반말체 형태의 문
말에 결합되는 경우와 완성문 형태의 문장에 결합되는 경우로
나누어서 살펴보고, 그 다음 도막말 형태의 문장에 결합되는 경
우와 문중에 결합되는 경우로 나누어서 살펴보았다. 그 중 반말
형태로 끝난 문장과 완성문 형태로 끝난 문장에서의 '-요'의 분
포 양상은 다음 도표와 같다.

| 분포위치 | 문말 | 평서법 | | | | 의문법 | | | | 명령법 | | | | 감탄법 | | | | 청유법 | | | |
| --- | --- | --- | --- | --- | --- | --- | --- | --- | --- | --- | --- | --- | --- | --- | --- | --- | --- | --- | --- | --- | --- |
| | | 요 | 예 | 유 | 라우 | 요 | 예 | 유 | 라우 | 요 | 예 | 유 | 라우 | 요 | 예 | 유 | 라우 | 요 | 예 | 유 | 라우 |
| 상없대는 대문우말 표어현미 이뒤 | -아/어 | ○ | ○ | ○ | ○ | ○ | ○ | ○ | ○ | ○ | ○ | ○ | ○ | | | | | | | | |
| | -지 | ○ | ○ | ○ | ○ | ○ | ○ | ○ | ○ | ○ | ○ | ○ | ○ | | | | | ○ | ○ | ○ | ○ |
| | -네 | ○ | ○ | ○ | △ | | | | | | | | | ○ | ○ | ○ | × | | | | |
| | -데/ㄴ데 | ○ | ○ | ○ | × | ○ | ○ | ○ | × | | | | | ○ | ○ | ○ | × | | | | |
| | -은고 | | | | | ○ | ○ | △ | △ | | | | | | | | | | | | |
| | -은고 | | | | | ○ | ○ | × | △ | | | | | | | | | | | | |
| | -가 | | | | | ○ | ○ | ○ | × | | | | | | | | | | | | |
| | -해 | | | | | ○ | ○ | ○ | × | | | | | | | | | | | | |
| | -나 | | | | | ○ | ○ | ○ | × | | | | | | | | | | | | |
| | -을까 | | | | | ○ | ○ | ○ | ○ | | | | | | | | | | | | |
| | -서 | | | | | ○ | ○ | ○ | ○ | | | | | | | | | | | | |
| | -을래 | | | | | ○ | ○ | ○ | × | | | | | | | | | | | | |
| | -게 | | | | | | | | | × | × | × | ○ | | | | | | | | |
| | -구만 | | | | | | | | | | | | | ○ | ○ | ○ | × | | | | |
| 상있대는 대문우말 표어현미 이뒤 | -다 | × | ○ | × | × | | | | | | | | | | | | | | | | |
| | -십니더/다 | △ | ○ | △ | × | | | | | | | | | | | | | | | | |
| | -습니까/꺼 | | | | | △ | ○ | × | × | | | | | | | | | | | | |
| | -라 | | | | | | | | | × | ○ | × | × | × | ○ | × | × | | | | |
| | -이소 | | | | | | | | | × | ○ | × | × | | | | | | | | |
| | -입시다/더 | | | | | | | | | | | | | | | | | △ | ○ | △ | × |
| | -자 | | | | | | | | | | | | | | | | | × | ○ | × | × |

완성문 형태의 문말에서는 중앙어의 '-요'와 동남방언 '-예' 간에 차이가 있다. 이는 '-요'가 상대 대우 체계를 형성하는 말로 쓰이는 중앙어에서는 완성문의 문말에 불필요하게 되고, 상대적으로 상대 대우 체계 형성 기능이 약한 동남방언에서는 '-예'가 담화적 요소로서 쓰인 결과가 아닌가 싶다.

도막말 형태의 문장에서는 단어와 구 등 발화 단위에 자유롭게 분포한다는 것을 확인할 수 있었다.

(5) 이 글에서는 '-요'의 문중에서의 분포 원리를 밝히는데 있어서 지금까지와 같은 형태론적 측면으로 설명하는 방법을 지양하고 '-요'의 문법적인 기능을 근거로 해서 분석해 보았다. 그 결과 '-요'의 문장 내에서 주된 역할이 담화 기능을 담당한다는 사실에 근거하여 문중에서의 '-요'는 통사적인 기능이 확정된 자리, 즉 통사적 기능을 담당하지 않아도 될 자리에 자유롭게 분포한다는 사실을 밝혀낼 수 있었다. 그리고 가급적이면 분리성이 큰 자리에 우선적으로 분포한다는 것도 밝혔다. 따라서 문중에서의 '-요'는 주로 조사 다음 자리, 즉 구 이상의 자리에 자유롭게 분포한다. 관형어 뒤나 본동사, 보조동사와 같이 앞뒤 성분 사이에 결합력이 높은 자리에는 분포할 수가 없다. 그러므로 문중에서의 '-요'는 어느 정도의 분리성이 보장되면서 통사적인 기능이 확정된 자리인 발화단위에 분포한다고 할 수 있다.

(6) '-요'의 의미 기능을 문말과 문중으로 나누어서 살펴보았다. 먼저 문말 위치에서 실현되는 '-요'는 [+청자 존대]의 기능을 나타낸다. 그리고 문중의 다양한 위치에 분포하는 '-요'는 [+친

밀감]과 [+주의환기] 등의 화용적 기능을 담당한다. 본래 화용
표지였던 '-요'가 반말로 끝난 문장 뒤에서는 서법적인 기능 요
소로 발달해 가고 있는 단계에 있다고 볼 수 있다. 그 결과 기
존의 문말에서 상대를 대접하는 기능을 담당하던 '-습니다'나
'-게' 대신에 점차 '-요'가 대신하고 있는 실정이다. 언어는 끊
임없이 변하는 것이기 때문에 특정 언어의 기능을 단정적으로
말하기는 어렵다. 그러나 그 변해가는 방향은 어느 정도 짐작
이 가능하다고 본다. 따라서 화용표지 '-요'의 문말에서의 기능
은 점차적으로 서법적 기능을 담당하는 방향으로 변해가고 있
다고 볼 수 있다.

(7) 문말에서 [+청자 존대]의 의미로 사용되는 '-요'와 문중에서 다
양한 담화적 기능을 나타내는 '-요'는 문장 내적인 의미가 아닌
문장 외적인 화자와 청자와의 관계, 즉 화자가 청자를 대우한다
든지, 화자가 청자에게 [+친밀감]을 나타내는 등의 의미 기능
을 나타낸다. 따라서 '-요'의 문법 범주는 둘 다 동일한 화용적
자질을 가진 첨사적 요소이다.

＜ 참 　 고 　 문 　 헌 ＞

고광모(2000), 상대높임의 조사 '-요'와 '-(이)ㅂ 쇼'의 기원과 형성 과정,
　　　　국어학 36.

고영근(1971), 현대국어의 종결어미에 관한 구조적 연구, 어학연구 10권
　　　　1호.

고영근(1974a), 현대국어의 종결어미에 대한 구조적 연구, 어학연구 10-1.

고영근(1974b), 현대국어의 존비법에 대한 연구, 어학연구 10-2.

고영진(1997), 한국어의 문법화 과정, 국학자료원.

권재일(1982), 경북방언 문장종결조사 '이'에 대하여, 인문과학연구1호,
　　　　대구대 인문과학연구소.

권정림(1997), 국어 종결 보조사 연구, -'-마는', '-그려', '-요'를 중심으
　　　　로-, 동아대석사논문.

김미영(1996), 국어 용언의 접어화, 한국문화사.

김민수(1964), 신국어학, 일조각.

김석득(1966), 국어형태론, 연세논총 4.

김석득(1992), 우리말 형태론, 탑 출판사.

김승곤(1989), 우리말 토씨 연구, 건국대 출판부.

김영송(1963), '음운면', 경상남도지(중).

김영신(1982), 경남방언의 굴곡론적 연구, 한국방언학 2, 한국방언학회.

김영태(1981), /ᴕ/와 경남방언, 송천 김용태선생 회갑기념논문집.

김영태(1982), <경남 지역어의 특징>, 경대문화 15, 경남대.

김웅배(1989), 전남방언의 서법 연구, 전남 대학교 박사학위 논문.

김웅배(1998), 전라남도방언연구, 학고방.

김정대(1983), '요'청자 존대법에 대하여, 가라문화2, 경남대학교.

김정대(1984), 창원 지역어 청자 존대표현 '예'와 '요'-사회언어학적 접근-, 어문논집 제1집.

김종택(1981), 국어 대우법 체계를 재론함-청자 대우를 중심으로-, 한글 제172호(여름호), 서울, 한글학회.

김종택(1982), 국어 화용론, 형설 출판사.

김차균(1980), 국어시제 형태소의 의미, 한글 제169호.

김태엽(1992), 영일지역의 종결어미 연구, 계명대학교 박사학위 논문.

김태엽(1993), 청자높임소 '-이-'의 존재, 청하 김형수박사회갑기념논총.

김태엽(1998), 국어 비종결어미의 종결어미화에 대하여, <언어학>22, 한국언어학회.

김현정(1997), 국어 명사의 문법화 과정 연구-어미화를 중심으로-, 건국대학교 석사학위 논문.

김희정(1987), 상대경어법의 변천양상연구-개화기와 현대의 대표적 소설을 중심으로-, 고려대 교육대학원 석사논문.

남기심(1981), 국어 존대법의 기능, 인문과학 45, 연세대.

노대규(1989), 국어의 구어와 문어의 특성, 1989년도 한글 및 한국어정보처리 학술발표 논문집.

문병우(2000), 경남방언 '-예'에 관한 연구, 경상어문 제 5 · 6 합집, 경상어문학회.

민현식(1984), 개화기 국어의 경어법에 대하여, 관악어문연구 9, 서울대 국문과.

박경래(1998), 중부방언, 새 국어생활 제 8권 제 4호, 국립국어연구원.

박경래(1999), 청원 방언의 경어법에 대한 사회언어학적 연구-청자 대우법에서의 힘과 유대를 중심으로-, 개신어문연구 제16

집, 개신어문학회.

박양규(1998), 서남방언 경어법의 한 문제, 방언 6, 태학사.

박영순(1976), 국어경어법의 사회언어학적 연구, 국어국문학 72·73, 국어국문학회.

박창해(1964), 한국어 구조론 연구 3-형태소론 및 형태소 배합론-, 연세대 한구어학당.

배양서(1973), 현대 한국어 스타일, 국어국문학 62·63.

서덕현(1985), 현대국어의 대우법 연구-표식화 문제를 중심으로-, 서울대석사논문.

서정목(1983), 명령법어미와 공손법의 등급, <관악어문연구>8, 관악어문학회.

서정목(1987), 국어의문문 연구, 탑출판사.

서정목(1988), 한국어 청자대우등급의 형태론적 해석(1), 국어학 17.

서정목(1992), 한국어 청자 대우의 형태론적해석2, 강신항교수회갑기념논문집.

서정수(1972), 현대국어의 대우법 연구, 어학연구, 8-2.

서정수(1979), 존대말은 어떻게 달라지고 있는가?(1)-부름말과 가리킴말-, 한글 165호.

서정수(1984), 존대법 연구, 한신문화사.

서정수(1994), 국어문법, 한양대학교 출판부.

서태룡(1985), 정동사 어미의 형태론, 진단학보 60.

서태룡(1988), 국어활용어미의 형태와 어미, 탑출판사.

서태룡(1992), 국어 청자 존대법의 형태소, 동악어문논집 27.

성기철(1970), 국어 존대법 연구, 논문집(충북대) 4.

성기철(1975), 국어 대우법 연구, 현대국어문법, 계명대출판부.

성기철(1985), 현대국어 대우법 연구, 개문사.

손영춘(1983), 국어존대법 연구-굴곡접사를 중심으로-, 동아대학교.

신창순(1963), 상대 존대어고, 충북대 논문집 4.

신창순(1984), 현대국어 존대법의 개설, 국어경어법연구, 김중훈편, 서울, 집문당.

안귀남(1996), 諺簡의 경어법 연구-16~20세기의 언간 자료를 대상으로-, 경북대박사학위논문.

안병희(1961), 주체겸양법의 접미사 '-습-'에 대하여, 진단학보 22.

안병희(1965), 후기 중세국어의 의문법에 대하여, 학술지 6, 건국대

안주호(1996b), 한국어 명사의 문법화 현상의 연구, 연세대박사학위논문.

양인석(1980), 한국어 말끝말씨의 간소화, 언어와 언어학 6.

유구상(1991), 중부방언의 경어법, 새 국어생활 제3권 제3호.

유송영(1996), 국어 청자 대우의 어미 교체사용(switching)과 청자 대우 법체계-힘(power)과 유대(solidarity)의 정도성에 의한 담화 분석적 접근-, 고려대박사학위논문.

유영대 · 이기갑 · 이종주(1998), 호남의 언어와 문화, 백산서당.

유창돈(1962), 허사화 고구, 인문과학 7, 연세대학교 인문과학연구소.

윤석민(1993), '-요'의 담화기능, 텍스트언어학 2.

이경우(1998), 최근세 국어의 경어법 연구, 태학사.

이기갑(1978), 우리말 상대높임 등급체계의 변천 연구, 서울대 석사학위 논문.

이기갑(1982), 동부 전남방언의 성격, 언어학 제5호.

이기갑(1986), 전라남도 언어지리, 탑출판사.

이기갑(1997), 한국어 방언들 사이의 상대 높임법 비교 연구, 언어학 21, 한국언어학회.

이기갑(1998), 서남방언, 새 국어생활 8권, 제4호.

이기갑(1998 가을), 전남방언의 상대 높임법, 한글 240 · 241.

이상규(1991), 경북방언의 경어법, 새 국어생활 제1권 제3호.

이상규(1998), 동남방언, 새 국어생활 제 8권 제4호.

이상복(1976), {-요}에 대한 연구, 연세어문학 7 · 8, 연세대학교.

이성하(1996), Semantics of Verbs and Grammticalization:The Development in Korea from a Cross-Linguistic Perspective, 한국문화사.

이숭녕(1962), 겸양법 연구, 아세아연구 5~2(통권 10).

이숭녕(1964), 경어법 연구, 진단학보 25, 26, 27 합병호, 진단학회.

이숭녕(1972), 17세기 초기 국어의 형태론적 고찰, 동양학 2집, 단국대학교.

이승욱(1973), 국어 경어법의 체계와 변천-국어 문법체계의 사적 연구-, 서울, 일조각, 재록.

이승재(1985), 경기지역의 청자 경어법에 대하여, 방언 8.

이원근(1999 가을), 토씨의 하위 분류 재고-'들, 요'를 중심으로-, 글 241, 한글학회.

이익섭(1974), 영동방언의 경어법 연구, 논문집 6, 서울대 교양과정부.

이정민(1981), 한국어 경어체계의 제 문제, 한국인과 한국문화, 서울, 심성당.

이정민 · 박성현(1991), '-요'의 쓰임 구조와 기능-문중 '-요'의 큰 성분 가르기 및 디딤말 기능을 중심으로-, 언어 제16권 2호, 한국언어학회.

이정애(1998), 국어 화용표지의 연구, 전북대 박사논문.

이태영(1988), 국어 동사의 문법화 유형, SICOL-' 97. 발표논문초록.

이한규(1996), 한국어 담화표지어 '그래'의 의미 연구, 담화인지 3, 담화인지 언어학회.

이현희(1982), 국어의 의문법에 대한 통사적 연구, 국어연구 52.

이현희(1985a), 근대국어 경어법의 몇 문제, 한신어문연구 1, 한신대 국
　　　　문과.

이현희(1989), 국어문법사 연구 30년(1959~1989), 국어학 19, 국어학회.

이희승(1968), 새 문법(인문계 고등학교), 일조각.

임규홍(1995), 효과적인 말하기 지도를 위한 국어 담화 특성 연구-어른말
　　　　과 어린이말을 중심으로-, 경상어문 제1집, 경상어문학회.

임홍빈(1985), 현대의 '-삽-'과 예사높임의 '-오-'에 대하여-형태소핵의
　　　　개념정립을 위하여-, 선오당 김형기선생 팔질기념 국어
　　　　학 논총, 창학사.

전단열(1999), 국어 성서에 쓰인 호칭어와 청자 대우법연구, 고려대 석
　　　　사 학위논문.

전성탁(1969), 강릉 지방의 방언 연구, 논문집 5, 춘천교대.

정원수(1992), 충북 영동방언의 청자 대우법 어미, 언어연구(8), 한국현
　　　　대 언어학회.

정재영(1996), 의존명사 'ᄃ'의 문법화, 태학사.

조일규(1985), 경남 삼천포 지역어의 {-요}계 토씨 연구, 국어국문 논문
　　　　집 6, 동아대학교 국어국문학과.

조규태, 황병순(1991), 진양군 금산면 종합 학술조사, 경남 문화연
　　　　구 제13호.

조준학(1980), 언어와 사회, (황적륜)에 관한 토론, 어학연구 16·2.

천시권(1965), 경북방언의 방언구획, 어문학 13.

최기호(1981), 청자 존대체계의 변천양상, 자하어문논집 제1집.

최기호(1979), 17세기 국어의 존대법 체계 연구-용언의 굴곡어미를 중
　　　　심으로-, 연세대석사논문.

최기호(1981), 17세기 국어의 마침법연구-맺음씨끝을 중심으로-, 목원대
　　　　논문집 2.

최기호(1981 ㄱ), 17세기 국어 '-습-'의 통사기능, 말 6, 연세대 한국어학당.

최명옥(1976), 현대국어의 의문법 연구-서남경남방언을 중심으로-, 학술원 논문집(인문, 사회)15.

최명옥(1990), 국어연구 어디까지 왔나, 서울대학교대학원 국어연구회 편, 동아출판사.

최명옥(1998), 한국 방언 연구의 실제, 태학사.

최전승(1990), 판소리 사설에 반영된 19세기 후기 전라방언의 특질-경어법 체계를 중심으로-, 한글 210.

최학근(1976), 남부 방언군과 북부 방언군과의 사이에 개재하는 등어지 대조사연구, 어학연구 12-2.

최학근(1983), 경상도 방언에서 사용되는 종결어미, 방언 6.

최현배(1934), 중등조선말본, 동광당서점.

최현배(1937), 우리말본, 정음사, 1983년판.

한  길(1986), 현대국어 반말에 관한 연구, 연세대 박사학위 논문.

한동완(1988b), 청자경어법의 형태원리-선어말어미 {-이-}의 형태소 정립을 위하여-, 말 13.

허남갑(1978), 진주방언의 형태, 눈뫼 허웅박사의 환갑기념 논문집, 과학사.

허  웅(1954), 존대법사, 성균관학보 제1집.

허  웅(1961), 서기 15세기의 존대법과 그 변천, 한글 128.

허  웅(1962), 존대법 문제를 다시 논함, 한글 130.

허  웅(1963), 중세국어 연구, 정음사.

허  웅(1969), 표준문법(인문계 고등학교), 신구문화사.

허  웅(1983), 국어학, 샘문화사.

현평효(1991), 제주방언의 존대법의 특징-표준어 존대법과 비교하여-, 새 국어생활 제1권 제3호.

홍사만(1983), 국어 특수 조사론, 학문사.

황병순(1983), '-마는'에 이끌리는 접속문에 대하여, 배달말 8.

황병순(1985), 국어 양상구성소에 대하여, -'문→명제+양상'이란 점에서-, 소당 천시권박사 회갑기념, 국어학 논총, 형설출판사.

황병순(1995), 청자 대우 표현의 사회규범과 문법, 배달말 20.

황병순(1996), 경남방언의 연구 현황과 과제, 경남문화연구 18.

황적륜(1976), 한국어 대우법의 사회언어학적 기술-그 형식화의 가능성 기술, 언어와 언어학 4.

小倉進平(1944), 조선어 방언의 연구 하, 조선사학회.

下野六郎(1945), 조선어 방언학 시고, 경성 : 동도서적.


Jakobson, Roman(1960), Linguistics and Poetics. Style in Language (New York).

Lukoff, Fred(1977), "Ceremonial and Expressive Uses of the Styles of Address in Korean", In Papers in Korean Linguistics, ed. by Chin-W. kim, Hornbeam Press.

Martin, S. E.(1954), Korean Morphonemics, The Linguistic Socity of America.

Martin, S. E.(1964), "Speech Levels in Japan and Korea", In Linguage in Culture and Society, ed. by D. Hymes, Hames, Haper & Row.

Ogura, S.(1940), The Outline of Korean Dialects. Memoirs of Research Department of the Toyo Bunko, 12. Tokyo.

Ramstedt.(1939), A Korean Grammer. (=MSFOU 82)

# Abstract

## A Study on Korean Pragmatic Mark
### -focused on '-yo'-

by Moon, Byung Woo


If we observe the younger generation's language of today, we can easily recognize that they frequently use '-yo' than the older generation. It means that the system of the honorific terms have simplified. At the same time, it also means that the role of '-yo' is important for the younger generation. Therefore the study of '-yo' are very essential of understanding for modal system of Korean language.

Until now, the study of '-yo' hasn't been accomplished synthetic study including dialect allomorphs. They've separately studied dialect allomorphs of '-yo' such as '-yu' at the central dialect area, '-ye' at the southeast dialect area, '-yirau' at the southwest dialect area. That's why we need the study of '-yo' not separately but synthetically. My purpose of this thesis is to find the essence of Korean language through the synthetic study of '-yo'.

The summary of this thesis is as follows.

We have different forms of '-yi(da)' at each dialect area nowadays, which use only '-yi(da)' at Middle Age Korean in fifteen century. They use '-yo', '-yu', '-yeo' at modal form of a declarative sentence, an interrogative sentence, an imperative sentence, an request sentence and an exclamatory sentence in the central dialect area. We use '-yo' all over the country. But '-yu' is used at Chungchyungnam-do, the south area of Gyeonggi-do, the part of Chungchyungbuk-do such Youngdong-gun.

They use '-yeo' at Gyeongsangbuk-do and the part of Chungchyungbuk-do such as Chungwon-gun. They use '-ye' for all modal form at the southeast dialect area. People use '-ye' almost every area and some part of Gyeongbuk area is used '-yeo' suck as Gumi, Sunsan, Sangju. Like southwest dialect, they use '-yida' at Namhae, which is located by Junnam.

At southwest dialect, they use '-rau' for an declarative sentence, an interrogative sentence, an imperative sentence, an request sentence. '-rau' is used all over the southeast area. '-yeo' and '-yida' is used at Gawangyang, Yeosu, Gurye. Especially the northeast of Sunchun and Seungju are used '-yo'. They use unique forms '-yang' and '-ye' as Jeju-do.

I suppose the origin of '-yo' as 'yi+yi+o+yi'. If we search for their change progress, it becomes '-yi' after '-yi(da)' which combined with the morpheme of respect form '-yi'. Then 'o' is combined with '-yi' and it becomes '-o(y)i'. Soon it is condensed '-oi' form and uses. After that '-yi' is changed with '-o' and '-yi' and '-o' is combined and bocome '-yo'. '-o' from an object respect morphem '-sab' doesn't have the respect function. We have the general grammar principle that respect of hearers or the modal morphem are located at the ending of a sentence. Therefore '-o' is not only located the ending of a sentence which express for the relation with speaker and hearer but also isn't '-o' which has the respect function out of '-sab'. This time, '-o' already has the respect morphem '-yi'.

If we think that '-yo' is from '-i(y)o', '-yo' and '-i(y)o' has same meaning function, but this two forms have come differences for hearer's reception degree or [+intimacy]. '-Yo' has higher reception level than '-o' which is usually used for formal language and better [+intimacy].

It means '-yi' of '(y)io, which is -yo's former self, is not just a predicate auxilary verb. This '-yi' also has the meaning function of '-yi', the respect form. For that reason the origin of '-yo' is 'yi+yi+o+yi'.

At Middle Age Korean, the respect morphem '-yida' is changed as '-yu' at the central dialect area, This '-yu' is also changed from the Middle Age Korean respect morphem '-yi' like '-yo'. If we suppose the progress of change from '-i(y)o' to '-yo', they have a middle morphem before the respect morphem '-yu'. That is an allomorph '-u' of '-o', which is widely used in this area. So we can think the origin of '-yu' is '-yiu'. For the convenience of the pronunciation, it made a sound reduction for '-yu'. As the result, '-yo', '-yu' and '-o' are mixed as the central dialect area.

'-Yu', '-ye', '-yida' have used as southeast dialect area. '-Yu' is a reduction form of '-yiu'. '-Ye' is made from '-yu' and [+intimacy] morphem '-yi'. In other words, it is formed by 'yi+yu+yi'. This is verified from '-ye' can combine with various level.

It has used as '-(yi)rau', '-yo' and '-yida' at the southeast dialect area. '-(Yi)rau is changed from -yidau'. It made a sound loss ' ŋ ' and the meaning function of '-yi' became a predicate auxilary verb '-yi' and combined as '-yidau'. Then it has liquidized for the convenience of pronunciation and changed as '-(yi)rau'. And they still use Middle Age

Korean form '-yida' at the contact area of Gyeongnam dialect area.

We can donfirm '-yo' and '-ye' are distributed  freely for all form when it ends with an impolite speech among the usage for real sentence of '-yo'. '-Yu' has an union restriction after '-eudgo' and '-eungo'. '-Rau' has also an union restriction after almost all form except '-a/-u', '-ji/-je','-eulga','-su' and '-ge'.

'-Ye' is only distributed as the ending of sentence for a perfect sentence. It means the standard language '-yo' and the southwest dialect '-ye' has come difference. The standard language doesn't need '-yo' for the word of the other respect system form and the southwest dialect use -ye' for pragmatic element. Also it can distributed freely at a word and a phrase for an imperfect sentence.

This thesis analyzes the distribution principle in the sentence of '-yo' which based on the grammatical function, not the morphology aspect. As the result, '-yo' in the sentence distributes freely as the fixed position of the syntactic function, that is, the position which doesn't need to be charge of any syntactic function. If possible, it also distributes the position which has an extensive separation. Therefore '-yo' in the sentence distributes as an utterance unit, i.e. the position which has a guarantee for the separation and make a definite decision for the syntactic function.

If we search for the function of '-yo', we can find there hac various functions. First, -yo' in the ending of a sentence had [+respect for hearer] function. Second, '-yo' in the middle of a sentence which is located at various positions has the pragmatic function for [+intimacy] and [+attention awakening]. Third, '-yo' after a person's name  has the vocative .case function.

Originally '-yo' was a pragmatic mark. But nowadays it is the progress of changing to the modal function element after the impolite sentence. After all, '-yo' takes the place of '-seubmida' or '-ge' which had function for respect of other people. Language is changed all the time. Therefore we cannot conclude the function of a special word. But we can suppose the direction of change. Accordingly the function of pragmatic mark '-yo' in the end of sentence is changing for the modal function little by little.

Both '-yo' in the ending of a sentence which uses for [+respect for hearer] and '-yo' in the middle of a sentence, which has various functions, have a same pragmatic talent. It expresses not the meaning in the sentence but the reduction between hearer and speaker out of a sentence. That is to say, it means the speaker express his respect for hearer or the speaker express the meaning function, his [+intimacy] for hearer.